사라지는 것들에
대한 예의

사라지는 것들에 대한 예의

예순, 자기만의 색을 찾고 기록하는 시간

초 판 1쇄 2025년 10월 29일

지은이 윤병옥
펴낸이 류종렬

펴낸곳 미다스북스
본부장 임종익
편집장 이다경, 김가영
디자인 윤가희, 임인영
책임진행 김은진, 이예나, 김요섭, 안채원, 국소리

등록 2001년 3월 21일 제2001-000040호
주소 서울시 마포구 양화로 133 서교타워 711호
전화 02) 322-7802~3
팩스 02) 6007-1845
블로그 http://blog.naver.com/midasbooks
전자주소 midasbooks@hanmail.net
페이스북 https://www.facebook.com/midasbooks425
인스타그램 https://www.instagram.com/midasbooks

ⓒ 윤병옥, 미다스북스 2025, *Printed in Korea*.

ISBN 979-11-7355-551-0 03810

값 19,000원

※ 파본은 구입하신 서점에서 교환해드립니다.
※ 이 책에 실린 모든 콘텐츠는 미다스북스가 저작권자와의 계약에 따라 발행한 것이므로 인용하시거나 참고하실 경우 반드시 본사의 허락을 받으셔야 합니다.

미다스북스는 다음세대에게 필요한 지혜와 교양을 생각합니다.

예순, 자기만의 색을 찾고 기록하는 시간

사라지는 것들에 대한 예의

윤병옥 지음

미다스북스

들
어
가
는
글

독자와의 대화

내향적 성격인 내가 자신을 드러내는 글을 쓰고 묶어서 책으로 출간하게 될 줄은 몰랐다.

나는 대학에서는 화학을 전공했는데, 졸업 후에 문과 공부가 하고 싶어서 대학원에 가서는 교육심리학과 카운슬링을 공부했다. 그 후에도 심리학자 융에 관심을 가지고 열심히 분석 심리학을 공부하며 영화와 꿈을 심리학의 관점에서 들여다보았다. 이렇게 나름 열심히 살았으나 그럼에도 늘 뭔가 마음속에 부족함이 있었고 내 자리가 아닌 곳에 있는 것 같아서 행복하지 않았다.

그러다가 더 나이가 들면서, 이렇게 혼자 좋아하는 공부나 하며 밀실에서 살다가 그냥 인생이 끝날 것 같은 위기감이 들었다. 정신을 차리고, 60부터 다른 사람과 나눌 수 있는 글을 쓰기 시작하고 '브린치'라는 문학 플랫폼에 심리학으로 들여다본 영화 리뷰와 에세이를 발표하기 시작했다. 몇 년 동안 발표하며 쌓인 글 중, 사람들에게 공감을 받은 글들이 생겼고 그런 원고가 모여 책으로 나오게 되었다.

박완서 작가가 마흔에 글을 쓴다고 들었을 때 늦은 나이라고 생각했었는데, 나는 훨씬 더 늦은 나이 예순에 시작한 셈이다. 이제야 내가 있을 자리를 제대로 찾은 듯 마음이 편안하고 행복하다. 아마도 나에게는 내 세계를 다른 사람과 공유하고 세상과 소통하는 작가로 살고 싶은 마음이 숨어 있었던 것 같다. 여전히 혼자 있는 것을 즐기고, 직접적이거나 주제가 없는 대화를 좋아하지 않지만, 그렇다고 그것이 혼자 방 안에서 아무와도 소통하지 않고 살겠다는 의미는 아니었다. 나의 소통방식은 '글을 통해서' 독자와 대화하는 것이다.

우선 이 책의 글에 나온 내용은 주로 과거에 일어난 일인데, 나이가 많아지니 훨씬 성숙한 자세로 그때 일을 바라볼 수가 있었다. 젊은 시절의 반짝이는 재치가 없을지는 몰라도 더 멀리서 넓고 깊게 바라보고 성찰한 내용을 담을 수 있었다. 그동안 공부한 심리학도 글의 색과 방향에 많은 영향을 주었다. 내면을 들여다보며 글을 쓰는 행위와 진정한 자기를 찾는 노력은 서로 다르지 않았기 때문이다.

젊을 때 쓴 글에는 당위나 목표지향적 삶을 지향하면서 나를 '페르소나'로 위장한 것들이 많았다. 그러나 나는 이제 자기를 포장하려 하지 않는다. 심리학적으로 건강하다는 의미는 사회적으로 긍정적이기만 한 것이 아니라, 내면의 이질적인 요소들이 균형 있게 섞여 있고 그것의 존재를 알고 다스릴 수 있다는 뜻이라는 것을 이해하기 때문이다. 자신은 완전 무결하지 않으며, 좋은 면도 있지만 부정적인 면도 들어 있다는 것을 받아들이는 사람이 정신적으로 건강한 마음의 소유자이다.

따라서 이 책에 수록된 모든 글에는 자신의 불완전함이나 한계를 받아들이고 진정한 자기를 발견하려는 나의 노력이 들어 있다.

또한 글을 쓸 때는 가던 길을 잠시 멈추고 자신을 돌아봐야 한다. 그때 쓰는 사람은 마치 영화 속의 정지 화면처럼 시간을 멈출 수 있다. 문제에 마음을 집중하고 글을 써서 정리하면, 다시 시간이 흐르기 시작하고 계속 걸을 수 있다.

타임 슬립 영화에서 주인공이 과거로 가거나, 타임 루프 영화에서 주인공이 매일 같은 일을 반복하는 것도 글쓰기의 은유이다. 영화에서 과거로 가는 것은, 마음에 걸리는 과거의 일을 생각하며 글을 쓰는 것에 해당한다. 계속 같은 루프를 반복해서 사는 것도, 어떤 일을 여러 번 생각하고 글을 쓰며 해결책을 얻는다는 것의 비유이다.

나도 이 글들을 쓰기 위해 수없이 시간여행을 했다. 과거의 특정 시간으로 가서 그 일을 다시 바라보기도 하고 어떤 일을 되풀이해서 생각하며 문제의 본질을 찾았다.

마지막으로, 인간에게는 기록하고 남기려는 욕구가 있다. 심지어 기원전 원시인들도 바위에 기호와 그림이 혼합된 형태로 후대에 무언가를 전하려는 흔적을 남겼었다.

나에게도 같은 욕심이 있다. 골방에서 혼자 생각하다 죽기보다는, 모두가 공감할 수 있는 삶의 기록과 깨달음을 나누고 싶다는 진심이 있다. 책을 통해 같은 세대와는 공감을 나누고, 젊은 세대에게는 어른의 지혜를 전하며 대화하고 싶다.

이런 마음에서 출발하여 쓴 글들이 모인 이 책이, 종이만 낭비하지 말고 독자들에게 차 마시면서 생각할 거리를 주는 작은 불씨가 되기를 간절히 소망한다.

차례

들어가는 글　005

1부
노년의 봄 ──────── 예순, 나이 듦의 자각과 새로운 시작

1. 나이 듦에 대하여　　　　　　　　　　　　015
안경의 도수를 올리며　|　가늘고 길게 살기로 했다　|　이런 사람처럼 나이 들고 싶다　|　부부의 게임　|　새로운 것을 배우지 않는 나에게

2. 가족 이야기　　　　　　　　　　　　　　035
페르소나를 벗는 그대에게　|　엄마는 꽃을 좋아하지 않는 줄 알았다　|　가시에 대한 생각　|　그들을 기쁘게 떠나보낸다　|　두 팔 벌려 너를 환영한다

3. 나의 세계　　　　　　　　　　　　　　　055
내향인의 고백　|　이과형 인간, 문과형 인간　|　글쓰기의 의미　|　천사를 보았다　|　나노 바라는 달디단 〈밤양갱〉　|　숨어 있는 빨강

2부
노년의 여름 ——————— 자기의 색을 찾아 떠나는 여정

4. 내가 좋아하는 것들　　　　　　　　　　　085

아침의 카페 | 자기만의 방 | 땡큐, 디카페인 커피! | 탁구장에서 맛보는 환희 | 나를 살맛 나게 하는 친구들 | 나도 야수에게 반했다 | 영화는 내가 사는 멀티버스다

5. 한계를 넓히는 여행　　　　　　　　　　　116

나는 박물관에 사유하러 간다 | 뮤지엄 '산'에서 나의 한계를 넓히다 | '세미원'으로 들어가는 세 갈래 길 | 성 슈테판 대성당의 카타콤 투어 | 벨베데르 미술관의「키스」 | 한옥에 살고 싶다

6. 독서는 나의 힘　　　　　　　　　　　　　148

"안 하고 싶습니다." | 이 많은 쓰레기는 다 어디로 가는 것일까? | 세상을 틀에 완벽하게 넣고 싶은 유혹 | 음식 대신 먹는 알약이 있다면? | '우리'와 '그들'을 나누는 정체성 | 쓸모없는 것들의 가치

3부
노년의 가을 ──────── 인생 후반의 깨달음과 성숙

7. 시간에 대하여　　　　　　　　　　　　　181
나선형으로 흐르는 시간 ｜ 인생의 타임라인을 그리다 ｜ 우주의 먼지로 돌아가는 여정 ｜ 시간을 담은 건축, 제주 '수풍석 뮤지엄' ｜ 버킷리스트를 체크하다

8. 노년의 깨달음　　　　　　　　　　　　　206
사라지는 것들에 대한 예의 ｜ 그럼에도 불구하고, 새해에는 ｜ 무의식이 보내는 편지 ｜ 젊을 때 알았더라면 다르게 살았을까? ｜ 미래를 보는 사람 ｜ 영혼의 구슬

4부
노년의 겨울 ──────── 가까운 이들과의 이별, 그리고 마무리

9. 부모님과의 작별 인사　　　　　　　　　235
부모의 부모 되기 ｜ 책가방을 든 아버지 ｜ 엄마의 피아노가 마음에 들어왔다 ｜ 엄마도 젊을 때 놀았어야 했다 ｜ 부모님의 집을 정리하다 ｜ 아버지와의 작별 인사 ｜ 엄마와의 작별 인사 ｜ 다음번 봄은 없다 ｜ 부모님과 함께한 시간의 봉인

맺는 글　274

1부 노년의 봄

예순, 나이 듦의 자각과 새로운 시작

자신의 성향과 한계를 깨닫고,
나만의 성찰을 시작하며
노년의 마음을 세운다.

1. 나이 듦에 대하여
2. 가족 이야기
3. 나의 세계

1. 나이 듦에 대하여

안경의 도수를 올리며
모호함에 대하여

나이가 드니 여러 가지 노화의 징후가 보인다. 미각이 둔해져서 음식의 간을 잘 못 맞춘다거나, 대화 중 소리가 예전보다 잘 안 들리기도 한다. 그중에 으뜸이 노안으로 인해 책이나 휴대폰이 잘 안 보이는 증상이다. 나는 근시가 아니라서 평소에는 안경을 쓰지 않는다. 멀리 있는 풍경을 보는 데는 문제가 없다. 그러다가 무엇을 읽거나 쓰게 되면 돋보기안경을 꺼내어 써야 한다. 어떤 때는 이것이 번거롭고 귀찮아서 대충 뜻을 짐작하거나 자세히 보는 것을 포기하기도 한다. 이럴 때 이해력이 떨어지고 뇌에 이미지가 뿌옇게 맺히고 세상을 정확하게 볼 수 없다는 사실에 짜증이 나기도 한다.

돋보기를 썼는데도 예전처럼 글이 선명하게 보이지 않을 때가 안경의 도수를 올려야 할 때이다. 안경점에 달려가서 다시 돋보기 도수를 올리니 또렷하게 글씨가 보인다. 글씨가 잘 보이면 의미도 잘 이해되는 것 같은 착각이 들고 물체도 확실하게 다가온다.

한편으로는 돋보기를 쓰고 거울을 보니 안 보이던 주름이 눈에 확 들어온다. 희미한 거울 속 내 모습은 그럭저럭 봐줄 만했는데 진실은 그게 아니었나 보다. 깨끗하다고 생각했던 가구 위의 먼지도 보인다.

젊은 시절 어떤 것에 한계를 느낄 때, 눈이 잘 안 보이는 꿈을 되풀이해서 꾸었었다. 꿈은 "대학 시절 늘 가던 학교 도서관 계단을 오르는데, 시야가 좁아지며 바로 앞 계단만 간신히 보이고 주변이 안 보여서 진땀을 흘린다."라는 내용이다. 그때 전공 공부하느라 삶의 전체 그림을 보지 못하고 좁은 범위만 보는 것에 대한 경고를 무의식이 반복해서 전달한 것이라고 생각한다. 그때는 명확하고 세밀한 내용만 들여다보던 시절이었다. 젊었을 때는 전체를 보지 못하고 가까운 것에만 집중하고, 나이가 드니 전체 그림은 보이는데 가까운 것을 정확히 보지 못한다. 어릴 때는 이것과 저것의 경계가 뚜렷하고, 경계는 선명한 선이었다. 눈이 노화하니 경계가 스펙트럼이 되고, 이것과 저것의 구별도 쉽지 않게 되었다.

어떤 사람들은 이렇게 노인들의 감각이 무디어지는 것을 좋은 의미로 해석하기도 한다. 젊은 시절에는 날카로운 비판의 감각이 필요하지만, 나이가 들어 뾰족하게 구는 것은 지혜롭지 않다고 말이다.

레오나르도 다빈치의 그림을 자세히 보면 인물과 배경이 정확히 구분되어 있지 않다. 경계를 모호하게 하는 그만의 기법, '스푸마토'이다. 이 기법은 멀리서 보면 인물과 배경을 자연스럽게 분리되게 한다. 다빈치의 기법은 2차원 만화에서처럼 모든 것을 선으로 확실하게 분리하는 것만이 진실에 가깝지는 않다는 것을 말해 준다.

이것의 의미를 확대해 보면, 좋은 것과 나쁜 것, 선과 악, 우리 편과 남의 편을 정확히 편 가르기가 쉽지 않다는 말이다. 회색지대가 두껍기 때문이다.

물론 요즘같이 과학이 발달한 시대에, 가능하면 보조기구의 도움을 받는 것이 좋다고 생각한다. 돋보기도 쓰고, 나중에는 보청기도 착용해서 정확한 감각으로 외부의 정보를 받아들여야 한다. 그래야 책의 의미도 정확히 파악하고 대화도 제대로 하며 상대방을 이해할 수 있기 때문이다. 둔화한 감각으로는 듣고 싶은 것만 듣고 보고 싶은 것만 찾을 수 있을 뿐이다.

한편, 나이가 주는 제한을 받아들이려 한다. 두꺼운 경계와 모호한 회색지대를 인정하려 한다. 멀리서 바라보는 것이 진실에 더 가까울 수도 있는 것이다.

가까이에서 보면 무슨 그림인지 모를 인상파나 점묘파의 그림을 멀리서 보면 잘 보이는 것처럼, 한 발짝 떨어져서 인생의 전체 의미를 파악하는 것도 노년만이 가질 수 있는 특권이라고 생각한다.

마음의 한 줄

노년은 정확성은 떨어지지만 한 걸음 떨어져서 전체를 바라볼 수 있는 지혜가 있는 시기이다.

가늘고 길게 살기로 했다
지속 가능한 방식

고등학교 시절, 대학입시 때문에 모두 공부를 열심히 했던 시기였다. 그때도 몸이 별로 튼튼하지 못해서 남들처럼 잠자는 시간을 줄여서 공부할 수가 없었다. 엄마가 학원을 보내 주셨지만, 한 달 나가 보고는 포기했다. 학교 수업 끝나고, 학원에 가서 다시 공부하고 집에 돌아갔더니 너무 피곤해서 학교에서도 꾸벅꾸벅 졸기 시작했고 배운 내용을 소화할 시간도 없어졌다.

다시 예전처럼 방과 후 독서실에 가서 수업 내용과 참고서로 공부하고, 7시간씩 잠을 자는 나름의 방식으로 돌아가게 되었다. 그러다가 언젠가 집에서 수학 문제를 푸는데 너무 재미있어서 밤을 새운 적이 있었다. 시간 가는 줄도 모르고 공부하다 보니 새벽이 왔고 그 순간이 감격스러웠다. 그러나 순간의 기쁨이었을 뿐, 그날 낮부터 컨디션은 안 좋아졌다. 결국 지독한 몸살에 걸려서 일주일을 공부도 못하고 아팠다. 고3이 일주

일을 공부도 못하게 되니 눈물이 나올 지경이었다. 그때 얻은 교훈은 "네 몸의 한계를 알고 까불지 마라."였다.

성인이 된 후에도 마찬가지로 조금 무리하면 몸이 신호를 보내고 그것을 무시하면 대가를 치른다. 이제는 주제를 아니 무리하지 않으려고 노력하지만, 형편상 어쩔 수 없이 일을 몰아서 하면 예외 없이 두 배의 시간을 회복에 바쳐야 한다.

결혼 후 명절은 여자들에게는 엄청난 노동을 요구하는 때이다. 나도 지난 몇십 년의 명절을 돌아보면 힘들었다. 추석 전에는 장 보고 음식 만드느라 바쁘고, 추석 당일에는 음식 가지고 큰집에 가서 차례 지낸 다음 시골에 성묘하러 갔다가 집에 돌아오고. 다음 날 친정에 음식 싸 가서 연로한 부모님 상 차려드리고, 그다음 날은 다시 시댁 제사가 있는 날이라 가서 일해야 했다. 그리고 나면 몸살이 나거나 한 일주일쯤은 넋이 나간 채 멍하니 지냈다.

세월이 변하니 제사도 많이 줄게 되어 추석 다음의 제사를 다른 제사에 합하며 없앴다. 남자들이 미리 벌초하고 성묘해서 추석 당일에도 시골에 가지 않게 되고, 부모님도 돌아가셔서 친정에도 가지 않게 되었다. 차례에 참석하는 가족들의 수도 줄어서 준비할 음식의 양과 설거지도 줄게 되니 이렇게 편한 추석을 맞이하는 게 어색할 정도가 되었다.

그래서 이번 추석에 생긴 여유 시간을 집에서 원 없이 영화 보고 글 쓰며 지냈다. 미리 만들어 놓은 음식과 큰집에서 싸 온 음식 덕분에 평소보다 식사 준비도 쉬워서 시간이 여유로웠다.

그러나 책상과 의자가 별로 편하지 않은데, 무리해서 너무 오래 앉아 있었던 것이 문제였다. 자주 일어나서 스트레칭도 하고 가끔 산책도 해야 했는데 그냥 버티고 오래 앉아 있었더니 결국 또 허리에 탈이 났다. 옛날 할머니들처럼 허리가 똑바로 펴지지도 않고 한번 굽히면 자력으로 일어날 수도 없게 되었다. 내내 고생하다가 연휴가 끝난 후 정형외과에 가서 치료도 받고 약도 먹고 간신히 나았다. 과거의 교훈을 잊은 대가다.

천재들의 인생을 보면, 엄청난 재능에다가 더 엄청난 몰입으로 대단한 업적을 이룬다. 그러나 한편 그들의 평균 수명은 짧았던 것 같다. 오래 산 보통 사람들보다 대단한 업적을 이루기는 했지만, 모차르트나 이상이나 스티브 잡스 같은 천재들은 너무 일찍 세상을 떴다.

어떻게 보면 한 사람이 평생 쓸 수 있는 에너지는 한정된 것이 아닐까, 엉뚱한 생각을 하기도 한다. 그 에너지를 어떤 사람은 몰아서 굵고 짧게, 어떤 사람은 나누어서 가늘고 길게 쓰는 것일지도 모른다.

그러니 다른 사람들을 보면서 자신은 왜 이렇게 재능도 없고 게으를까 자책하면서 사는 것은 어리석은 일이다. 보통 사람은 황새를 쫓아가려다가 화를 입기 일쑤이기 때문이다. 재능도 없고 체력도 없으면서 흉내만 낸다고 그들같이 되는 건 아니다. 무리하면 더 많은 시간을 까먹으니 오히려 비경제적이기까지 하다.

운동하고 음식도 만들어 먹고 책과 영화 보며 천천히 생각하고 지내다가, 생각이 고여 넘치면 가끔 반짝 글을 쓰고 살기로 하며 다시 교훈을 기억한다.
"가늘고 길게 살아라."
그래야 지속할 수 있다.

마음의 한 줄

보통 사람이나 천재나 평생 쓸 수 있는 에너지는 비슷하다. 보통 사람들은 무리하지 말고 조금씩 나누어 일해야 지속할 수 있다.

이런 사람처럼 나이 들고 싶다

또 한 해가 갔다. 나이가 더 들었다.

나이가 '많아진다', 나이를 '먹는다'보다는 나이가 '든다'라는 말이 좋다.

철도 들고, 간도 들고, 단풍도 들고, 봉숭아 물도 든다. 이 단어는 갑자기 달라지는 상태가 아니라 시간을 두고 천천히 이루어지는 변화를 의미해서 성숙을 내포한다.

젊은 시절에 나를 괴롭히던 일들도 이제는 차분히 바라보게 되는 것을 보면, 어릴 때의 나와 확실히 달라졌다. 물론 직업과 육아와 집안 대소사에서 벗어나져서 개인적 시간이 많아졌기 때문이기도 하지만, 나이가 들면서 세상을 보는 눈이 깊어졌기 때문이다.

반면에 체력은 확실히 떨어졌다. 12월 내내 감기로 고생해서 연말에 몸 상태가 좋지 않았다. 그러나 신체적인 능력이 줄어서 일의 처리 속도가 느려진 것도 사실이지만, 빨리하는 것에 의미를 두지 않기 때문에 느긋하게 처리하고, 서두르지 않으니 많이 실수하지 않는다.

사람은 평생 꾸준히 성장한다. 각 발달 단계마다 치러야 할 과업들이 있다. 어린 시절은 자기 능력을 발전시키고 펼치는 데 힘을 쓸 때이다. 많이 배우고 빨리 시도하고 성취하는 시기이다. 성인이 되면 부모에게서 독립하여 혼자임을 감당하게 된다. 누구의 도움 없이 홀로 설 수 있어야 한다. 결혼하고 가정을 가지면 나 이외의 가족을 도와야 하고 부양해야 한다. 그러면서 일을 통해 사회에도 공헌할 수 있다. 중년기는 속도를 늦추고 내부로 관심을 돌려 인생의 의미를 생각해야 할 때이다. 돌아와 거울 앞에 서야 할 시기이다. 노년에는 에너지를 안으로 모아 자신을 바라보고 온전한 자기를 만날 시기이다.

이렇게 평생 성장하며 최종적으로 '자기를 찾는 것'이 이제껏 공부해 온 융 심리학의 관점에서 본 삶의 목적이다.

이런 의미에서 문학 작품에 나온 캐릭터 중 가장 나의 관심을 끄는 인물은 헤세의 『데미안』에 나오는 에바 부인이다. 『데미안』은 헤세가 싱클레어라는 가명으로 쓴, 너무나 유명한 일인칭 독백소설이다. 어릴 때는 주인공이 미숙한 청소년에서 성인으로 어떻게 성장하는가에 초점을 맞추고 읽었었는데, 나이 들어 읽으니 다른 의미가 보인다.

심리학적으로 보면, 데미안이라는 불가사의한 인물은 헤세의 내면에 존재하는 종합적인 중심 가치인 '자기'라고 볼 수 있다. 그의 어머니 에바 부인도 궁극적으로 헤세에게 힘을 주는 여성적인 존재인 '아니마'라고 볼 수 있다. "인간은 온전히 자기가 되는 순간 '신성'을 경험한다."라는 것이 주제이니, 책은 싱클레어(헤세)가 데미안임을 깨닫는 과정을 천천히 보여 준다.

예전에 그 책을 읽을 때 작품에서 에바 부인에 대한 묘사가 매우 신비하게 느껴졌었다. 헤세는 에바 부인이 시간과 무관한 영혼의 얼굴을 하고 있고, 선과 악이 공존하고, 남성도 여성도 아닌 표정을 한 존재라고 묘사한다.
그때는 이것이 그냥 문학적인 표현이라고 생각했었는데, 나이가 들고 주변을 보니 실제로 좋아하는 여성 작가나 예술가나 성인들의 얼굴에서 이와 비슷한 이미지를 느낄 때가 있다. 마더 테레사 수녀나 나이 든 수전 손택의 얼굴에서 이런 모습이 보인다. 나이를 가늠할 수 없는 얼굴과 복잡하고 남성적인 표정과 깊은 눈빛을 가지며 부드럽지만 강인한 여성들이 현실에도 존재한다. 진실한 삶의 시간이 준, 모든 것을 아우르는 지혜를 담고 있는 얼굴이다.
물론 반대로 신체적인 강인함만을 가진 마초적인 단순함에서 벗어나, 깊으면서도 부드러운 눈빛을 가진 남성들도 있다. 프란체스코 교황이나 배우 양조위 같은 사람들이다. 이들도 여성적인 부드러움과 섬세함, 남을 보살피는 마음이 얼굴에서 느껴진다.
오랫동안 내면을 성찰한, 단순하게 착하지만은 않은, 반대의 성까지 포함한, 모든 것이 균형을 이루고 있는 얼굴들이다.

아직은 노년의 초입이지만 나도 이제는 온전한 자기를 만나는 여정에 들어섰다고 생각한다.

내면을 살피는 일을 게을리하지 않는다면, 마음속에 들어 있다는 많은 부분을 느끼고 찾을 수 있다. 내면에 있는 여성적인 면, 남성적인 면, 선한 면, 어두운 면 등등을 꾸준히 찾고 인정한다면 언젠가는 나의 중심인 '자기'에 도달할 수 있을 것이다.

미숙했던 젊은 시절이 사람들 앞에서 페르소나를 쓰고 나를 좋게 꾸미고 내세웠었던 시기였다면, 나이 든 이제는 표정과 글을 통해 '그림자'와 '아니무스'를 포함한 본연의 '자기'를 드러낼 때이다. 에바 부인처럼 때로는 어머니 같고 때로는 남자 같고, 밝지만 때로는 어둡게, 깊은 눈빛과 표정을 가진 사람으로 나이 들고 싶다.

새해에 나이 든 내가 원하는 것은, 돈도 미모도 명예도 아닌, 인생의 의미를 이해하는 지혜와 글을 쓸 수 있는 건강이다.

마음의 한 줄

인생의 후반기에 되고 싶은 인물은 누구인지 생각해 보고, 궁극적인 자기 이미지를 그려본다.

부부의 게임
환상의 복식조

소설가 오정희를 좋아한다.

그녀의 작품 중 「저녁의 게임」을 감탄하며 읽었었다. 오래된 관계를 화투에 비유하며 이처럼 실감 나게 묘사한 작가가 대단하다고 생각한다.

"여자 주인공이 아버지와 살면서 저녁마다 화투를 친다. 매일 저녁 벌어지는 루틴이다. 말이 게임이지 긴장감이라고는 하나도 없다. 워낙 오래된 화투장이라, 들고 있는 뒷면만 보아도 그것이 어떤 패인지 다 알기 때문이다. 왼쪽 귀퉁이가 둥글게 닳은 화투장은 목단 껍질이고, 가운데 금이 간 것은 난초 다섯 끗, 오른쪽 모서리가 갈라진 것은 멧돼지가 그려진 붉은 싸리 열 끗인 식이다. 딸이 차를 끓이는 동안 아버지는 그녀의 패를 몰래 뒤집어 훔쳐본다. 아무리 그것을 숨기려 해도 아버지의 표정에 다 드러난다. 그래도 속이 주고 져 주며 저녁미디 게임을 한다. 너덜너덜해진 각본으로 끊임없이 연극을 한다."

오래된 부부도 비슷하다. 결혼 초에는 서로를 잘 모르고 자기 하고 싶은 말만 하다가 싸우기도 하지만, 세월이 지나면 상대방이 미처 말을 하기도 전에 심중을 파악한다. 상대방의 패가 다 보이는 것이다. 어떤 말을 하려고 하면 눈빛으로 제압한다. 그러면 다 들켰다는 표정으로 왜 말도 못 하게 하냐고 불평하기도 한다.

이것을 좋은 쪽으로 보면, 나중에는 싸울 일도 없게 된다는 의미이다. 어떻게 말했을 때 화를 냈는지에 대한 데이터가 많아서 그쪽을 피할 수 있다. 반대로 어떻게 하면 기분이 좋아지는지도 안다. 나쁜 쪽으로 보면, 무슨 일이 생겨도 그럴 줄 알았다는 마음이 들어서 새로울 것이 하나도 없게 된다. 너무 예상되는 뻔한 일만 일어나면 인생이 지루해진다.

남편이 퇴직한 후에 함께 있는 시간이 늘어났다. 각자의 사교생활과 취미 활동을 존중해 주지만 둘이 같이 많은 시간을 보내야 하니 전략이 필요했다. 규칙적으로 같은 취미 활동을 하면서 동시에 부족한 운동도 할 수 있는 방법을 고민하다가, 예전부터 해 오던 탁구를 함께 하자고 권했다.

탁구동호회에서 여러 사람과 게임을 하지만 가장 많이 합을 맞추는 사람은 남편이다. 그러니 그가 탁구 칠 때의 습관을 자세히 알고 있다. 어떤 자세를 취하면 어떤 서브를 넣는지, 어떤 기술에 능한지, 어떤 실수를 자주 하는지 잘 알고 있다. 그래서 나는 남편의 서브를 잘 받는다. 언젠가 동호회에서 친선 탁구대회를 열었는데 다른 반 사람들과 대결해 보니 그 사람들이 남편의 서브를 잘 받지 못했다. 그렇다고 내가 그 사람들보다 탁구 실력이 좋은 것은 절대 아니다. 다만 자주 상대하는 사람의 습관을 다른 사람보다 잘 파악하고 있을 뿐이다.

기왕 하는 취미 활동이니 잘하고 싶다. 그러나 단식 경기에서 남편을 꼭 이기고 싶은 것이 목적이 아니다. 둘 다 고급 기술을 구사하며 수준 높은 게임을 하고 싶을 뿐이다. 또 각자 뻔한 기술 말고 새로운 기술을 연마하여 서로를 놀라게 해 주기를 바란다. 예상되는 기술 말고 신박한 테크닉을 보고 놀라게 되기를 기다린다.

또한 부부가 한 팀이 되어 혼합 복식 경기를 할 때, 환상의 팀플레이를 하게 되었으면 좋겠다. 부부는 서로의 장단점을 가장 잘 아는 파트너이니 어떤 점을 보완하고 어떻게 해야 파트너에게 좋은 기회를 주는지 잘 안다. 잘 연습해서 그 수준에서는 가장 좋은 환상의 복식조가 되었으면 좋겠다.

모든 복식 게임이 그렇듯이, 파트너를 신뢰하지 못하면 그 경기는 망한다. 발레나 피겨 스케이팅 페어 경기나 볼룸 댄스에서도 참가자들은 그 위험한 동작을 파트너를 전적으로 신뢰하고 실행한다. 그렇지 못했을 때 성적도 나쁘지만 심하게 다치는 사고가 나기도 한다. 자신만 돋보이려고 욕심을 부리면 사고가 날 때가 많고 결국 서로를 원망하게 된다.

지금까지 게임에 빗대서 이야기했지만, 현실의 부부 사이에서도 매번 뻔한 반응으로 지루한 인생을 살 필요는 없다고 생각한다. 남은 시간을 함깨할 상대방에게 아직도 모르는 영역이 많이 남아 있고, 나도 가지고 있는 부분이 많이 있다. 또 아직 배울 것들도 많이 남아 있다. 나라면 절대 하지 않았을(못했을) 분야를 상대방이 섭렵해서 보여 준다면 힘을 안 들이고도 인생은 두 배로 풍요로워진다.

함께 게임의 기술을 습득하며 성장해 간다면 부부는 '지루함'이라는 복병을 물리치고 환상의 복식조로 살아갈 수 있을 것이다.

> **마음의 한 줄**
>
> 아직도 게임을 함께 할 배우자가 있다는 것은 감사할 일이다. 상대를 진심으로 배려하는 사람은 배우자밖에 없다.

새로운 것을 배우지 않는 나에게
딱딱해진 마음을 슬퍼하며

많은 세월을 살아오니 스스로에 대해 많이 안다고 자부한다. 어떤 분야를 잘할 수 있고 어떤 일을 할 때 즐거운가를 안다. 노년에는 무엇이든 할 수 있지는 않다는 것과 가능성보다는 한계가 많다는 것도 안다.

그러나 젊을 때라면 모르는 분야를 배우려 노력했을 텐데, 이제는 현재 상태를 바꾸려 하지 않고 예전대로 유지하려고 하는 경향도 있다는 것을 느낀다. 이럴 때 확 나이를 먹은 노인이 된 느낌이 든다.

요즘은 서비스업에서 사람들 대신에 로봇을 이용하는 경우가 많다. 가능하면 도움받지 않고 스스로 기계를 사용하려고 노력하지만, 속도가 떨어지는 것이 사실이다. 집에서 천천히 휴대폰이니 컴퓨터로 해결할 경우는 속도가 느려도 상관없지만, 밖에 나가서 키오스크를 이용할 때 뒤에 줄이 긴 경우에는 미리 당황해서 실수를 더 많이 한다.

얼마 전 은행에 직접 가서 해결해야 할 일이 생겨서 오랜만에 갔었다. 직원들도 줄어서 대기가 길고, 안내하는 사람은 어떻게든 앱으로 해결하라며 옆에서 계속 조언했다. 그 말대로 따라서 하다 몇 번 실수하게 되니 진땀이 흘렀다.

일은 간신히 해결했으나 다시는 겪고 싶지 않은 경험이었다. 과거였다면 앱을 빨리 다룰 수 있도록 연습을 했을 텐데 이렇게 무능하게 살다니 하는 한심한 생각이 들었다.

사람들이 한계에 갇혀 점점 좁아지는 이유를 생각해 본다. 요즘 세대가 쇼트 콘텐츠만 본다고 비판하지만, 남녀노소가 휴대폰에서 손을 떼지 않는 시대이니 나이 든 사람들도 이런 비난에서 벗어나지 못한다. 인터넷에서 관심 분야를 검색해서 그중 마음에 가는 것을 시청하면 그다음은 알고리즘에 의해 일사천리로 비슷한 내용이 뜬다. 나의 경우, 주로 영화 검색을 많이 하니 좋아하는 평론가의 콘텐츠가 자동으로 뜰 때가 많다. 어떤 영화를 볼 것인가 결정할 때 도움이 된다. 또 요리에 관심이 많으니 요리 검색을 많이 했고, 자동으로 요리 동영상도 많이 나온다. 이것도 실제로 새로운 요리를 시도할 때 많은 도움이 되었다. 탁구 동영상도 가끔 보는데 좋아하는 선수가 새로운 경기를 하면 귀신같이 찾아서 보여 준다. 여기까지는 좋은 예이다.

최근에 일어난 최악의 사례를 꼽자면, 어느 날 우연히 나온 여드름 짜는 동영상을 클릭했던 적이 있었다. 바늘로 여드름 난 곳을 찔러 구멍을 낸 후 피지를 짜는 장면이었는데 내 사춘기 시절에 여드름 짜던 기억을 불러왔다. 한번 본 뒤로 줄줄이 여드름 짜는 동영상이 소개되고 갈수록 끔찍한 악성 종기의 영상까지 나오기 시작했다. 얼른 중단하고 다시는 보지 않았다.

이 경험은 나에게 교훈을 주었다. 최근의 양극화된 정치 상황에서 사람들이 왜 극단으로 치닫고 있는지를 알려 주었다. 어떤 성향의 의견을 담은 내용을 청취하기 시작하면 알고리즘이 그 방향으로 더 심한 극단의 견해로 그 사람을 안내하게 된다. 1인 미디어 시대에 취향에 꼭 맞는 내용을 선택할 수 있는 자유가 좋기도 하지만, 검증되지도 않고 건강하지도 않은 극단의 내용으로 나를 몰고 갈 수 있다는 위험을 늘 인식해야 한다.

매스 미디어가 우리를 세뇌하고 조종했던 시절도 있었지만, 최소한 매스 미디어는 완벽하지 않을지언정 검증 절차가 있고 형식적으로라도 반대쪽의 의견을 같이 개진하는 경우가 많았다. 반면에 개인 미디어는 엉터리로 검증한 사적인 의견인 경우가 많아서 결국 시청자들은 자신의 의견을 유튜버의 입을 통해 확인하고, 확증 편향으로 점점 의견이 공고해져서 자기 편끼리 결속하게 된다.

과거에는 지인들과 만나서 이야기하면 각자의 다양한 의견을 들을 수 있었지만, 요즘은 유튜버가 하는 이야기아 똑같은 말을 하는 사람들을 자주 보아서 슬플 때가 많다. 짧은 시간 동안 좁은 지역에서 사는 인생에서, 매번 정해진 방향만 보면서 그것만 믿고 제한된 시야로 살지는 않았으면 좋겠다.

시간을 극복하려면 책을 많이 읽어야 한다. 지역을 극복하려면 다른 지역의 문제에도 관심을 가져야 한다. 또 사회 정의를 위해 다른 계층에도 눈을 돌려야 한다. 존 롤스의 말대로 자신의 지위 능력 배경을 넘어서는 이른바 '무지의 베일' 뒤에서 어려운 이웃들에게 어떤 것이 더 인간다운 결정인가를 숙고하는 자세를 가져야 한다.

아직 체력과 지력이 허락하는 한, 마음을 열고 새로운 기술도 습득하고, 이웃에도 관심을 기울여야겠다. 또 말랑한 마음으로 다양한 지식도 섭렵해야겠다. 운동과 글 쓰는 일에 우선순위가 밀렸던 독서를 다시 본격적으로 시작해야겠다.

노년의 완고함과 편협함을 극복할 수 있는 다양한 방법을 모색해야겠다.

> **마음의 한 줄**
> 노년에도 책을 읽고, 새로운 것을 배우는 일을 멈추면 안 된다.

2. 가족 이야기

페르소나를 벗는 그대에게
남편의 정년퇴직을 바라보며

남편이 정년을 맞아 퇴직하게 되었다.
지인이나 친구들에게서 남편이 퇴직 후 출근하지 않고 집에 있게 되었을 때 힘든 점이 많다고 들어서 겁이 났다. 시간 대부분을 직장에서 보내다가 많은 시간을 집에서 보내는 남자들은 쉽게 모드가 바뀌지 않는다고 한다. 집안의 경제를 책임지던 때에 받았던 대접을 기대하기 마련이어서 밥상이 초라하거나 아내가 집을 비우면 섭섭해한다고 한다.
그들은 퇴직 초기에는 자유로움도 만끽하고 친구들도 만나지만, 결국 집에서 긴 시간을 보내야 하는데, 업무로 만나는 사람만 많았던 남자들은 한동안 마음고생을 하기 마련이다.

그즈음에 남편이 꿈을 꾸었다.
"사우나이거나 찜질방인 것 같은 장소의 간이침대 위에, 여러 사람이 누워 있다.

자세히 들여다보니, 끔찍하게도 그 사람들은 얼굴 피부가 뼈가 드러날 정도로 벗겨져서 해골같이 보이는 상태였다. 그들에게 얼굴이 왜 그러냐고 물어보니, 더 좋은 새로운 얼굴을 가지려고 기존의 얼굴을 벗겨낸 상태라 새살이 돋을 때까지 기다려야 한다고 대답하였다."

직장 생활을 오래 한 사람들은 가족이나 친구들에게 보여 주는 것과는 다른, 공적인 얼굴을 가지고 있다. 심리학적으로 실제 자신의 마음과는 다르게 사람들에게 보이는 외적인 측면을 '페르소나'라고 한다. 이것을 상황에 맞게 쓰고, 자신의 실제 마음과 분리해서 볼 수 있다면 심리적으로 건강한 상태라고 할 수 있다. 만일 페르소나를 제때 제대로 발달시키지 못한다면 ○○ 노릇을 제대로 못 하고 막사는, 책임감 없는 어른이 될 터이니 그것도 큰 문제가 된다.

일과 인생을 균형에 맞게 운영하며 페르소나를 벗을 기회를 평소에 자주 가졌었다면 탄력적으로 자신의 마음을 돌아보고 가까운 사람에게 진심을 전달하는 일이 어렵지 않을 것이다. 그러나 대부분의 시간을 일만 하며 가면을 벗을 기회가 별로 없었던 사람에게는, 페르소나 자체가 자신이 되어 버리는 경우도 생긴다. 남편의 꿈에서처럼 가면이 들러붙어 얼굴과 분간이 안 되고, 떼어내니 살까지 뜯어지게 되는 것이다. 60세 이상의 아버지 세대가 바로 그런 세대이다. 많이 일하면 가정에 돈을 많이 가져다줄 수 있다는 생각에 일만 하다가 가족과 친해지지 못한 사람들이 많다. 퇴직 후에 가족들과 친해지려 해 보지만 실망하고 멀어진 사람들은 그들을 끼워 주려 하지 않는다.

꿈에서 준 메시지는 다행히 새살이 돋는다고 하고, 그러면 피부가 더 좋아진다고 한다. 그러나 시간은 걸린다고 한다.

여자들은 직장에 다니기도 하고 전업주부인 경우도 있지만, 대체로 사회망이 든든하다. 하소연할 수 있는 친구들도 많고 엄마나 언니 같은 가족에게 심적으로 의지할 수도 있다.

반면에, 남자들은 아내 이외에 자신의 약점을 솔직히 드러낼 상대가 많지 않다. 길게 이어온 취미 활동도 변변히 없어서, 갑자기 할 일 없이 비어 있는 시간을 감당하기가 쉽지 않다.

흔히 남편이 돈 이외에 준 것이 없다고 생각하는 아내들이 있지만, 자신이 온 시간을 투자해서 번 돈을 어떤 사람에게 가져다준다는 의미는 그가 그 사람을 자신보다 사랑한다는 뜻일 수도 있다. 그의 전 생애를 준 것이나 마찬가지기 때문이다.

나도 젊을 때는 남편에 대해 불만도 많고, 해야 하는 일이 불공평하다고 생각한 적이 많았다. 물론 어떤 면에서는 맞는 말이기도 했다. 그러나 역지사지로 생각해 보면 남편도 인생에서 포기한 것이 나만큼 많다. 그도 일히느리 싱그럽던 젊은 모습을 만납했고, 아이들 교육비가 많이 늘 때는 돈 드는 취미 생활도 접었다. 일생 가족을 안정적으로 부양하려고 직장에서도 열심히 일했다. 또 방법이 다 옳지는 않지만, 최선을 다해 아들들에게 좋은 아버지가 되려고 노력했다. 어머니를 많이 보살펴 드리느라 나를 힘들게 하였으나, 반대로 그가 어머니에게 무관심한 사람이었다면 그 또한 견딜 수 없었을 것이다.

퇴임식을 마치고 오는 날, 직장에서 평생 쓰던 자신의 방이 없어져서 서운할 남편에게, 아들들과 함께 새로운 방을 꾸며서 선물하기로 했다. 힘센 아들들이 빈방의 쓰지 않는 짐을 내다 버리고, 아빠를 위해 책장을 사왔다. 그가 평생 보았던 책들을 박스에 넣어 가져와서 책장에 꽂고, 책상을 놓아 그의 방을 정성껏 꾸몄다.

그는 아직도 직장에서 묻은 때를 못 벗은 꼰대이고, 대화할 때 눈치라고는 없는 사람이다. 그러나 평생 가족을 위해 일한 그가 아름다운 본연의 얼굴을 찾을 수 있을 때까지, 나는 옆에서 오랫동안 기다리려 한다.

마음의 한 줄

배우자는 평생의 파트너이다. 상대방에게 감사하고 노년에는 자기완성을 할 수 있도록 서로 도와야 한다.

엄마는 꽃을
좋아하지 않는 줄 알았다
아들보다 내 마음을 더 잘 아는 사람

나는 3남 1녀 중 막내딸로 자랐다. 나이 차이가 크게 나는 오빠들 틈에서 자라서 마땅한 여성 롤 모델도 없었다. 대학 다닐 때도 화장은커녕 드라이어로 머리만 오래 말려도 오빠들은 내가 외모에만 신경 쓴다며 훈계를 했다.

남편의 형제 관계도 3남 1녀이다. 그도 역시 오빠들 못지않게 무뚝뚝하다. 그러다가 자식도 아들 형제만 둘을 갖게 되었다. 옷도 개구쟁이 아들들에게 치여서 치마는 입어 보지도 못했다. 활동하기도 편하고 신경도 안 쓰이는 청바지만 주로 입었다. 얌전한 딸을 데리고 우아한 원피스를 입고 식당에서 앉아서 식사하는 것은 나에게는 꿈도 꿀 수 없는 일이었다. 이리 뛰고 저리 뛰는 아들들을 잡아 앉히고 밥 먹이고 나면 입맛이 없어져서 정작 먹지도 못했다. 나중에는 아들들에 냉냉형으로 말하고, 그들의 웬만한 농담에는 끄떡도 하지 않는 멘탈을 갖게 되었다.

그러니 제일 부러운 사람이 딸이 있는 엄마이고, 그다음으로 자매가 있는 사람이다. 당연히 둘 다 이루어질 수 없는 소망이다.

아들이 결혼했다. 바꾸어 말하면 며느리가 들어왔다.
며느리는 참으로 순수하고 마음이 예쁜 여성이다. 생각 같아서는 자주 만나서 커피 마시며 이야기도 하고, 데리고 다니며 예쁜 액세서리도 사주고 싶다. 그러나 "며느리는 딸이 아니다"라는 사실을 명심하며, 표현하고 싶은 마음의 반도 안 내보인다. 내가 지난 결혼 생활에서 부담이 되었던 종류의 일은 며느리에게 만들지 않으려고 노력한다.
며느리가 들어온 후에 집안의 분위기는 많이 달라졌다. 아들들은 열 개를 말하면 다섯 개쯤 알아들었는데 며느리는 한 개만 말해도 열 개를 다 알아듣는 기적을 보였다.

그리고 첫 번째 맞은 어버이날, 가족이 다 모였을 때 큰아들이 사 온 작은 꽃바구니, 작은아들이 사 온 작은 화분, 그리고 며느리가 사 온 예쁜 꽃바구니까지 합쳐 꽃이 3개나 되었다. 이렇게 된 사정은, 며느리가 퇴근하기 전 시간이 있었던 남편에게 미리 꽃을 사놓으라고 부탁했고 아들이 너무 평범하고 작은 화분을 산 것에서 시작된다. 초라한 꽃을 샀다고 하는 며느리에게 아들은 "우리 엄마는 비싼 꽃 안 좋아해."라고 말했고, 이에 반해 며느리는 "꽃을 싫어하는 여자는 없어."라고 했다. 이어서 아들이 "우리 엄마는 내가 30년 가까이 봐서 제일 잘 알아. 소박한 화분을 더 좋아해."라고 했고, 며느리는 "30년 가까이 여성으로 살아 본 내가 더 잘 알아."라고 말하며 다시 꽃집에 가서 꽃바구니를 맞추었다.

평소에 분수에 맞지 않게 자주 꽃다발을 원하는 것은 아니지만, 나의 경우 남편이나 아들들처럼 꽃 보기를 돌같이 하지는 않는다. 나도 1년에 한두 번쯤 특별한 날에 예쁜 꽃다발을 받아 꽃병에 꽂고 들여다보고 싶다.
그들이 집에 와서 어느 쪽 말이 맞냐고 물었을 때 당연히 며느리 쪽의 승리였다.
며느리는 꽃다발도 대충 사지 않고 내 취향의 좋아하는 색의 꽃을 선택해서 나를 감동하게 했다. 덕분에 나도 꽃다발을 좋아한다는 것을 모두 알게 되니 이제는 꽃다발을 자주 선물 받게 되었다. 어떨 때는 한꺼번에 많이 받아서 한 번에 한 개씩 번갈아 가며 했으면 좋겠다고 농담할 정도로 호사를 누리게 되었다.

이 에피소드를 꺼낸 것은 세상에서 제일 가까운 가족이라도 나와 성이 다르면 이해하지 못하는 부분이 있다는 것을 이야기하고 싶기 때문이다. 나는 여성이고, 속에는 사랑하고 나와 평생을 같이 산 남편과 아들도 모르는 여성의 마음이 들어 있다. 가끔 모르는 여성의 이야기를 들어도 대번에 공감하는 것은 우리가 같은 성이기 때문이다. 심지어 아들 내외가 어떤 문제에 대해 의견이 다를 때도 며느리 쪽 이야기가 공감이 갈 때가 더 많다.

물론 거꾸로, 죽었다 깨어나도 모르는 남성의 마음도 있을 것이다. 심리학을 오랫동안 공부했고 주변 가족이나 동창들도 남자가 월등히 많은 편이라 좀 더 남성을 많이 들여다보았다고 자부하는 나도, 가진 성을 초월해서 남성을 완전히 이해하지는 못한다.

평생 여성 가족을 원했던 나에게 예쁜 며느리가 와주었다. 딸 같은 며느리는 될 수 없겠지만 서로 같은 여성으로 공감하고, 그 뒤 오랜 신뢰의 시간이 쌓이면 고부가 가까운 가족으로 느껴질 때가 오지 않을까 기대한다.

마음의 한 줄
아무리 가까운 가족이어도 성이 다르면 서로를 심리적으로 이해하기가 어렵다. 오히려 시어머니와 며느리는 생각보다 가깝다.

가시에 대한 생각

오랫동안 미국에서 살던 큰오빠가 한국에 다니러 왔다.
오빠와는 띠동갑으로, 유치원 다닐 때 오빠는 대학생이었다. 까마득한 나이 차에, 아버지보다도 엄격해서 어릴 때 오빠는 그저 크고 무서운 존재였다.
그러나 오빠는 막내 여동생이 귀엽다고 지갑에 내 사진을 넣고 다니며 사람들에게 자랑하며 보여 주곤 했었다. 유치원생이던 나를 데리고, 오빠는 자기가 다니던 신촌의 대학 근처에서 처음으로 오므라이스를 사 주기도 했다. 그때 케첩을 처음 보고 이상해서 잘 먹지도 못했다.

그 멋지던 오빠가 이제는 백발의 할아버지가 되었다.
엄마가 돌아가신 후라 한국에 외도 나 말고는 오빠의 식성을 알아주는 사람도 없다. 오빠가 유난히 봄나물을 좋아했던 기억이 나서, 우리 집에 잠시 머무는 동안 다른 건 몰라도 미국에서는 구하기 힘든 음식 재료인 봄나물을 많이 해서 주어야겠다고 마음먹었다.

엄마가 옛날에 석쇠로 구워 주셨던 더덕은 온 집안에 향기가 진동했었는데, 요즘 더덕은 향기가 진하지 않다. 껍질 까기도 번거롭고, 아파트에서는 소음이 신경 쓰여서 방망이로 두드리지도 못하지만, 형편 되는 대로 껍질을 깐 것으로 넉넉히 사서 그냥 어슷하게 썰어 고추장과 유자청을 넣어 향긋하게 양념했다.

미나리는 생새우와 섞어서 튀김가루를 조금만 넣고 주재료를 위주로 하여 식용유를 많이 넣고 튀기듯이 전을 부쳐서 초간장과 곁들이니 향긋하고 맛있었다.

오빠가 제일 좋아하는 두릅도 슈퍼에서 파는 작은 용량으로는 간에 기별도 가지 않을 것 같아서 일부러 코스트코에 가서 대용량으로 구입했다.

두릅을 다듬는데, 가시가 만만치 않다. 줄기뿐 아니라 잎사귀에도 작은 가시가 엄청 많았다.

그냥 데치면 깔끄러워서 먹기 힘들 것 같아서 과도를 직각으로 해서 일일이 가시를 긁어 내었다. 양이 많아서 시간이 꽤 소요되는 일이었다. 두릅을 다듬으며 가시의 저항감을 제대로 느꼈다. 가시에 몇 군데 찔려 손가락에 피가 나기도 했다.

어떤 생물이 존재할 때 먹히려고 태어나지는 않았을 것이다. 크고 단단한 가시는 아니지만 두릅의 가시는 존재감을 뿜으며 그냥 먹히지는 않겠다고 버틴다. 막 깎은 잔디에서 나는 냄새는 향기라기보다는 죽지 않으려고 필사적으로 내뿜는 화학물질의 냄새인 것처럼, 식물도 자신의 존재를 없애려는 적에게는 자신만의 무기로 최후의 일격을 가하려고 한다.
포식자의 입장에서 보면 약하고 미미한 존재이지만, 당사자로서는 유일한 삶이니 자신을 보호해서 살아남을 수 있는 무기 하나쯤은 있어야 한다. 두릅에게는 가시가 자신을 보호하는 수단이었을 것이다.

보통 가시 하면 선인장이나 장미가 떠오르는데 선인장의 가시는 얼핏 보아도 범접할 수 없는 크기로 포식자들을 물러가게 만든다. 장미는 너무 아름다워서 꺾으려 하다가 날카로운 가시에 찔리기도 한다.
또 '가시' 하면 무엇보다도 어린 왕자의 행성에 있는 아름다운 장미가 가진 가시가 떠오른다. 걱정하는 어린 왕자에게 장미는 소중한 가시를 보여 주며 그것이 자신을 보호할 수 있다고 하지만, 누가 보아도 그 정도의 가시로는 세상의 공격을 막기에 역부족이다. 어린 왕자는 처음에는 장미에 고깔을 씌워 보호해 주고 떠나지만, 결국 장미를 지키기 위해 자기의 소행성으로 다시 돌아간다.

사람들도 자기 안에 크고 작은 가시를 품고 산다. 편안할 때는 보이지 않던 가시가 누군가의 공격으로 존재가 위험하게 되는 순간이 오면 튀어나온다. 누군가가 가치를 부정할 때 자신을 보호하기 위해 그것을 무기로 쓰게 된다.

누구도 사랑을 핑계로, 혹은 잘났다는 이유로, 남에게 평가 잣대를 들이댈 자격은 없다.

사랑하는 사람의 가시가 튀어나오지 않게 배려해야 한다. 그 작은 가시가 자신을 충분히 보호할 수 없다면, 어린 왕자처럼 다가가서 고깔을 씌워 주며 티 나지 않게 도와야 한다.

> **마음의 한 줄**
>
> 누군가 가시를 내보인다면 그 사람이 외롭다는 이야기다. 고깔을 씌워 그를 보호하면 가시는 저절로 들어간다.

그들을 기쁘게 떠나보낸다
아들의 생일에 하는 기도

가족의 생일이 오면 단출하고 소박한 생일상을 차린다.
물론 기념으로 날을 정해 밖에서 외식하거나 여행을 하기도 하지만, 생일날 아침은 집에서 정성스러운 아침 밥상을 차려주고 싶다. 탄생을 상징하는 영혼의 음식이라고 생각하는 미역국이 생일상의 중심이다. 고기 요리도 한 가지 한다. 번거롭지만 가족들이 좋아하는 갈비찜을 주로 한다. 장수를 의미하는 면 요리로는 잡채를 하거나 스파게티를 만들어 준다.

아들의 생일이 되어서 늘 하던 대로 소박한 생일 밥상을 차렸다.
관심과 감사를 말로 표현하는 것을 잘 못 하는 아들이 쑥스러워하며 생일 축하를 받는다. 다 큰 아들들의 생일상을 언제까지 차려야 하냐고 불평하는 척하지만, 이런 일을 해 주는 시간도 길지 않다는 것을 안다. 그때까지 해 줄 수 있는 것이 기쁨이라는 것도 안다.

아들들이 나를 닮아 내성적이지만 엄마 말을 거스르지 않으며 잘 성장했고, 이제는 성인이 되어 두 발 딛고 자기들의 삶을 산다. 그들을 품에 가두지 말고 자기들의 인생을 살게 해야 한다는 마음을 가지려고 의식적으로 노력해 왔지만, 그들이 선택의 갈림길에 섰을 때 아들을 위한다는 명분으로 때때로 개입했으니 실제로는 그러지 못한 것 같다.

어느 날 꿈을 꾸었다.
"우리 가족이 남편이 운전하는 자동차를 타고 가다가 고도가 높은 위험한 지역에서 모두 내린다. 앞에는 스키장 고난도 코스에서나 볼 수 있는 심한 경사의 넓은 눈밭이 있다. 차들이 내려가다가 미끄러져서 사이드에 박히기도 하고 빙글 180도 돈 채로 서 있기도 하다. 위험하겠다 걱정하면서 다시 차에 올라타고 조심조심 운전해서 비탈길을 내려간다. 사고 없이 내려와서 안심하고 잠깐 휴게소 같은 곳에 멈췄다.
잠시 쉬던 남편이 다시 떠나자고 하는데, 옆을 보니 당연히 있으리라 생각했던 아들이 없다. 당황스러워서 어찌할 줄을 모르고 있는 순간, 차의 옆 유리창을 내다보니 밖에서 아들이 산악자전거를 타고 와서 웃으며 가족들을 들여다본다. 찬바람에 얼굴은 빨갛지만 강인하고 자신이 있어 보인다. 다행이라고 생각하면서도 한편으로는 가슴이 저릿하다."

내 마음속에서 가족은 한 덩어리로 존재했었다. 마음을 상징하는 자동차 안에 그들이 모두 함께 들어 있었다. 그러나 차 안에 안전하게 모두 같이 있어야 한다는 내 생각과는 달리, 아들은 차에서 내려 눈밭 비탈길을 자신의 힘으로, 그의 자전거를 타고 안전하게 내려왔다. 같은 차에 타지 않아서 섭섭한 마음도 어쩔 수 없지만, 그들이 내가 없어도 위험하지 않다는 사실도 받아들여야 한다.

생각해 보면, 아들들이 어릴 때 그들을 과보호해서 키웠던 것 같다. 과거 외국에서 살면서 아이들을 돌볼 때 예민해져서 그들을 잘 보호해야 한다는 강박감이 있었다. 이제 그들이 어른이 되었는데도 아직도 그 마음이 남아 있는 듯하다. 그들이 이제는 스스로 설 수 있는 때가 지났음에도 불구하고 마음에서 떠나보내지를 못했다. 심리적으로 나와 아들들을 분리하지 못한 것이다.

그러나 꿈에서 자전거를 탄 아들의 행복한 표정과, 강인한 체력을 보고 이제 걱정을 끝내기로 한다. 그들을 기쁘게 떠나보낸다. 내 차에서 내려도 그들은 혼자서 목적지에 잘 갈 수 있을 것이다. 그들은 괜찮다, 나만 괜찮아지면 된다.

그들이 생일상 음식을 잘 먹고 힘내서, 부모 품을 벗어나서 세상으로 나아가 자기들의 인생을 멋지게 살기를 기도한다. 나도 아들들을 믿고 멀찍이 떨어져서 지켜보는 성숙한 부모가 되기를 기도한다.

마음의 한 줄

엄마가 심리적으로 성숙해야 아들이 정신적 독립을 할 수 있다. 그들이 자신의 인생을 살 수 있도록 멀리서 지켜보는 게 사랑이다.

두 팔 벌려 너를 환영한다
할머니의 기도

50시간이 넘는 산고 끝에 손녀가 태어났다.
아들 부부는 결혼하고 몇 년이 지나서 임신하고, 며느리는 입덧으로 힘든 기간을 거쳐 자연분만으로 아기를 낳았다. 용감하고 한결같이 진솔한 며느리 덕분에 우리 집에 귀한 보물이 생겼다. 진통으로 힘들었을 며느리에게 안쓰러운 마음이 들었고, 신비하고 예쁜 생명체인 아기를 보니 숙연한 감동이 밀려왔다.

오래전 남편과 사귈 때, 남편은 지구의 미래가 암울해서 아이를 갖고 싶지 않다고 말했었다. 내 결혼관에는 아이가 포함되어 있었기 때문에 그 말이 어이가 없었다. 그 후로 여러 고비를 넘어 우리는 결혼을 하고 아이를 낳았다. 언제 그런 말을 했나 싶게 남편은 아이들을 사랑했고 열심히 아이들을 키웠다.

요즘 기후를 보면 아이들이 맞이할 미래가 걱정되기는 한다. 그러나 남편이 그때의 미래인 지금을 걱정했듯이 언제나 미래는 어둡게 보이고 불확실하다. 그것이 무서워서 생명을 이어 가는 일을 포기하지는 말아야 한다고 생각한다. 오히려 걱정할 시간에, 아기를 위해 미래를 살만한 환경으로 만드는 데 힘을 보태야 한다. 어떤 시대, 어떤 지역에서건 환경이 아무리 척박해도 사람들은 사랑하고 생명을 만들고 세대를 이어왔다. 본연을 망각하고 무조건 편하게 살 생각만 하니 미래에 아이들을 내놓는 일이 어려워진다.

나는 나이에 비해 첫 손주가 늦은 편이다.
친구들이 손주 사진을 가지고 다니면서 보여 주면 귀엽고 부러웠었다. 그러나 좋은 노래도 한두 번이지 계속 반복하면 피곤하기도 했었다. 그러나 막상 손녀를 보니 너무 예쁘고 좋아서 친구들이 왜 그랬는지 이제는 이해가 간다. 그때 좀 더 맞장구쳐 줄 걸 그랬다. 역지사지로 나도 사진을 열 번 보여 주고 싶을 때 한 번만 하려 한다.
귀하고 예쁠수록 티 내지 말고 삼가야겠다고 다짐한다. 옛말에 귀한 아이일수록 평범하게 키우라고 했다. 그래서 옛 어른들이 아이들의 아명을 흔하고 낮게 만들어 불렀다. 교양 있는 집에서는 옷도 평범하게 입혀서 돈 있는 티를 내지 않았다.

며느리의 임신 소식을 들었을 때, 문득 영화 〈바람과 함께 사라지다〉의

한 장면이 떠올랐다. 영화에서 난봉꾼이었던 레트 버틀러는 딸 보니가 생긴 후 평소에 싫어하던 수다쟁이 아줌마들에게까지 모자를 벗고 공손히 인사를 하기 시작했다. 이제부터는 아기 아빠로서 점잖고 예의 바른 이웃이 되기로 한 것이다. 이웃과 동네가 좋아야 아이가 잘 자랄 수 있기 때문이다. 딸이라는 존재는 이렇게 그를 좋은 사람이 되게 만들었다.
나도 이제 할머니가 되어 이웃과 지역 사회에도 좋은 어른이 되려고 한다. 손녀와 함께 자라날 다른 어린이들도 더 사랑하고 동네와 사회에도 관심을 가지고 힘을 보태려고 한다.
이렇게 손녀는 내가 더 좋은 사람이 되게 만든다.

내가 아이를 낳았을 때 시어머니가 기뻐하시며 "금자동아 은자동아~"로 시작하는 「조모의 애사」를 도자기에 새겨서 주셨었다.
나도 손녀가 태어남을 기뻐하며 「할머니의 기도」를 쓴다.
"지구에 먼저 도착한 선배로서, 할머니는 네가 이 세상에 온 것을 두 팔 벌려 환영한다.
네가 클 때까지 강한 햇빛과 센 빗줄기를 막아 주는 우양산이 되어 줄게.
네가 기어 다니는 곳을 깨끗이 닦아놓을게.
글자를 가르치는 대신, 밖에 데리고 나가서 많은 것들을 보고 만지게 해 줄게.
넘어졌을 때 먼저 일으켜주지 않고 기다릴게.
친구들과 나누어 먹을 수 있도록 넉넉하게 간식을 준비해 놓을게.

다른 사람을 이기라고 하지 않을게.

실수했을 때 먼저 사과하면 칭찬해 줄게.

속상한 일을 와서 이야기하면 끝까지 들어줄게.

안 보는 척하면서 조금 떨어진 곳에서 항상 너를 보며 지켜 줄게.

우리 알콩이를 착하고 튼튼하고 행복한 아이로 자라게 해 주소서!"

> **마음의 한 줄**
>
> 아름다운 새 생명을 두 팔 벌려 환영한다. 그 애가 살아갈 세상을 좋게 만들고 싶다.

3. 나의 세계

내향인의 고백
직접적인 소통이 불편한 사람들

MBTI의 네 가지 측면 중 가장 중요한 분류가 내향과 외향을 나누는 것이다.

젊었을 때도 내향적인 사람이었던 나는, 나이가 들면서 그런 성향이 더 심해지는 것 같다. 나에게 빗대어 내향인을 정의하자면, 그들은 혼자서 생각하고 내면과 대화하며 에너지를 얻는 사람이다. 사람들과 직접 교류할 때 에너지를 얻는 것이 아니라 오히려 에너지를 뺏기는, 즉 진이 빠지는 사람이다.

성인이기도 하고 사회인이기도 하다면 모임에 참석하는 것을 피할 수는 없다. 나는 자신의 특성을 알기 때문에 일단 모임에 가면 어울리려고 애를 쓴다. 그래서 잘 모르는 이들 중 내가 외향적인 사람인 줄 아는 사람들도 있다. 그러나 자연스럽게 어울리는 사람들과는 달리, 용을 쓰며 노력하는 것이어서 집에 들어오면 지치고 방전된다. 과거에도 직무상 모르는 사람들과 면담을 하면 지쳐서 며칠씩 아프기도 했다.
물론 결이 맞는 소수의 친한 친구들과의 만남은 즐겁고 행복하다. 그러나 성격이 다른 여러 사람들이 섞여 있는 모임에 참석하는 것은 힘들다. 최근에는 음성으로 통화하는 일도 불편해지기 시작했다. 문자로 연락하는 것이 나에게는 훨씬 더 편하다.

이제는 최소한으로 친한 친구들과의 모임이나 취미 생활을 같이하는 동호인 모임 정도만 하지만, 일단 만나면 원만하게 잘 지내려고 노력한다. 그러나 이런 시간의 비중이 어느 정도 이상 커지면 즉시 마음이 불편해지면서 신호가 온다.
꿈을 통해 경고를 받았다. "아파트 1층에서 살고 있는데, 어떤 여자에게 방 한 개를 빌려주었다. 1층이라 어수선하게 밖에서 운동하는 소음도 들린다. 어느 날 외출했다가 집에 들어와 보니 그 여자의 남편, 아이들, 친구들이 그 방뿐 아니라 거실까지 점령하여 앉아 있었고 일부 사람들은 창으로 밖에서 운동하는 사람들을 내다보고 있었다.
그 여자에게 정색하고 내가 빌려준 공간은 방 한 개이니 온 집을 차지하는 건 안 된다고 경고했다. 누구를 초대할 수는 있으나 빌려준 방에만 있어야 한다고 강력하게 말했다. 그런데 그 여자와 조력자의 덩치는 엄청나게 컸고, 경고하는 나를 우습게 내려다보는 것 같았다. 어떻게 하면 방을 빌려주겠다는 계약을 말썽 없이 해지할 수 있을까 고민하다가 잠을 깬다."
집, 아파트, 방 등은 내 마음의 은유이다. 여기에 누군가가 침입하여 세력을 과도하게 넓힌다. 나만의 공간을 원치 않는 누군가가 차지한 것인데 이것이 매우 거북하다. 자아와 맞지 않는 존재가 마음에 자리를 잡은 것이다. 꿈은 내가 현실에서 내키지 않는 관계에 에너지를 많이 빼앗겨서 마음이 불편한 상태를 알려준다.

또 다른 꿈이다. "공공장소에서 화장실에 들어갔다. 어둡지만 오픈된 큰 방에 수십 개의 변기가 있었고 많은 사람이 각각의 변기에 앉아서 함께 볼일을 보고 있었다. 전면에는 큰 스크린이 있어서 영화를 상영하고 사람들이 다 편안히 영화를 보고 있었다. 나도 변기를 사용했지만, 사람들이 많은 데라서 난감해하다가 잠을 깬다."
화장실이란 사적인 장소의 끝판왕이다. 나 혼자만 써야 하는 장소를 수십 명과 공유한다는 것은 참으로 특이한 일이다.
그 시기에 나는 글을 쓰면서, 개인적인 내면세계를 너무 많은 사람에게 노출하는 것 같은 생각이 들어서 마음이 많이 불편했었다. 공동 화장실 장면은 사적인 영역을 많은 사람과 공유하는 것의 비유일 것이다.

이렇듯 나는 내면을 들여다보며 혼자 조용히 생각하는 것이 좋고 편하다. 심리학자 융도 인생에서 중년 이후에는 에너지를 안으로 돌려 자신을 잘 들여다보아야 한다고 하였다. 그의 말대로 자신이 누구인지 무엇을 원하는지 알고 세상을 떠날 수 있으려면, 혼자 자신의 마음을 잘 들여다보아야 한다.

그러나 이것이 내향인이 아무와도 소통하기를 원하지 않는다는 의미는 아니다. 누구도 세상과 단절하고 혼자서만 살기를 원하지는 않는다. 작가나 예술가 중 내향적인 사람들이 높은 비율을 차지하는데, 그러한 그들도 작품을 숨기지 않고 발표했다. 나도 민망함을 감수하고 내면을 표현한 글을 공개하고 싶어 하는 것을 보면, 세상과 소통하려는 마음은 인간에게 기본적인 욕구라는 생각이 든다.

따라서 외향과 내향의 차이는 외부와의 소통방식의 차이일지도 모른다. 내향인들은 아예 소통을 안 하고 싶은 사람들이 아니라, 글이나 작품을 통해 '간접적인 방식으로' 소통하는 것이 편한 사람들이다.

> **마음의 한 줄**
>
> 누구나 세상과의 소통을 원한다. 외향인은 직접적인 방식을, 내향인은 간접적인 방식을 선호한다.

이과형 인간, 문과형 인간
중간 지대에 존재하는 사람들

사람들은 둘로 나누는 것을 좋아한다. 어떤 특징을 정하면 거기에 속하지 않은 나머지 여집합이 반드시 있을 테니 시대를 막론하고 이분법은 항상 통했던 것 같다.

요즘은 어떤 사람의 MBTI 유형이 그 사람에 대해 많은 것을 설명한다고 생각한다. 여기에는 16가지 성격 유형이 있으니 꽤 다양한 인간형이 있고 인터넷에는 재미 삼아 어떤 유형끼리 잘 맞는지도 나와 있다. 그러나 이것도 따져보면 4개의 카테고리별로 대가 되는 특징을 나타내는 것이니 어찌 보면 이분법에서 벗어나지는 않는다.

요즘은 우스갯소리로 "너 T지?" 하는 말이 유행이다(나도 T인데 비슷한 평가를 많이 들었다). 그런데 T냐 F냐 하는 것이 묘하게 과거의 분류법인 이과형 인간과 문과형 인간의 특성과 겹치는 부분이 많다. 과거에는 어떤 사람이 이과형인지 문과형인지가 그 사람을 설명하는 데 많이 이용되었었다. 아직도 고등학교에서 대학입시를 위해 문과와 이과를 나누어 가르치니 여전히 유용한 분류이다. 이것을 알아보기 위해 적성 검사를 하는데, 적성이 뚜렷하면 간단하지만 스펙트럼에서 중간 지대에 있는 사람들도 꽤 있다는 것이 문제이다.

나도 그런 사람 중 하나였다. 항상 두 분야가 거의 비슷한 수치로 점수가 나왔었다. 그때는 대학입시 성적이 고등학교의 위상을 정할 때라 학교에서는 무조건 이과로 가라고 했고, 딱히 싫지 않아서 이과를 선택해서 대학도 그쪽으로 들어갔다. 그 뒤에 대학의 같은 과 친구들을 보면서 내가 이과형 인간이 아니라는 것을 아는 데는 시간이 길게 걸리지 않았다. 나는 이야기를 좋아하는 사람이고 그냥 이야기가 아니라 인과 관계가 있는 구조의 이야기를 좋아하는 사람이었는데, 후자를 이과 성향이라고 잘못 판단한 것이다. 결국 이과냐 문과냐의 분류는 논리나 합리가 있느냐 없느냐가 아니라 그것을 이야기나 인간에 적용하느냐, 자연과학 분야에 적용하느냐의 문제이다. 문과생이라고 해서 합리가 없어도 된다는 말은 아니어서, 중고등학교의 문과에서도 과학 교육은 꼭 필요하다고 생각한다.

지금도 이과 문과를 선택하느라 고민하는 학생들에게 조언해 주고 싶다. 관심사가 자연현상이나 물질에 대한 쪽이고 그것이 실험에 적합한 것인지(자연과학), 원리를 이용해 현실에 적용하는 것인지(공학), 이야기를 만들거나 비판하는 것인지(문학), 인간의 심리나 사회 현상이나 관계에 대해 밝혀 보고 싶은 것인지(인문, 사회과학), 자신의 재능을 특정 수단으로 표현하고 싶은지(예술)를 스스로 물어보고 어느 쪽이 맞는지 잘 생각해 보라고 말이다. 그저 수학이나 과학 점수가 잘 나온다고 해서 무조건 이과 성향은 아니다. 그것이 이과의 필요조건이기는 하지만 충분조건은 아니기 때문이다.

그런데 이제는 자신이 문과형 인간이라고 철석같이 믿고 있다가 나중에 문과 친구들과 인문학 공부를 열심히 했을 때, 또 한번 혼란을 느꼈다. 나는 문과형 인간도 아니었다. 너무 감성 충만한 분야의 책도 잘 맞지 않았다. 인과 관계나 논리가 없는 글은 좋아하지 않았다. 알게 모르게 지난날 공부했던 자연과학적 방법도 나에게 영향을 많이 미쳤던 것 같다. 어떤 주장에서 표본이 너무 적은 증거를 대면 거북했고, 귀납의 과정이 미흡해도 불편했다.

그래서 이과 친구들과 만나면 문과 성향의 인간, 문과 친구들을 만나면 이과 성향의 인간으로 삐딱하게 존재했다. 모임에서 주류를 형성하고 이끄는 인사이더이기는커녕, 늘 아웃사이더로 존재했던 것 같다.

보통 적성이 뚜렷한 사람들이 전문가가 된다(내 대학 동기 친구들은 대부분 전문가가 되었다). 또는 자신의 재능을 일찍 파악한 사람들도 전문가가 된다(대단한 예술가들이 그런 사람들이다). 특별한 재능도 없고, 어영부영하며 여기저기 기웃거리다 나이만 먹은 나 같은 사람들은, 제네럴리스트에 아웃사이더가 된다.

그래도 여기저기 넓게 발을 걸치는 지금의 삶이 재미있다.

이렇게 아웃사이더이자 제네럴리스트인 나는 오늘도 정신 승리 한다.

> **마음의 한 줄**
> 적성이 뚜렷한 사람들은 많지 않다. 이도 저도 아닌 사람들은 전문적이지는 않지만, 대신 세상을 넓게 볼 수 있다.

글쓰기의 의미
치유와 공감

오랫동안 그냥, 열심히 살았었다. 그러나 마치 음식의 맛도 느끼지 못하면서 덩어리 채 그냥 삼킨 듯하였다. 그러다가 인생의 주기에서 다시 새로운 순환을 시작하는 60이 되었을 때, 정신을 번쩍 차렸다. 유의미하게 활동할 수 있는 시간이 많이 남지 않은 이 시점에서 지금까지의 관성으로 가기는 싫었기 때문이다. 이제부터라도 지난 기억과 현재 마음을 글로 쓰면서 인생을 이해하고 남은 시간을 의미 있게 보내고 싶었다.

친구나 가족과 대화하는 것도 좋지만, 그들도 가깝고 사랑하는 존재이기는 하나 결국은 타인이어서 내 마음을 있는 그대로 모두 이야기할 수는 없다. 타인에게 인정받고 싶은 욕구는 나를 각색하게 만들기 때문이다. 그러니 글쓰기는 스스로와의 대화이기 때문에 자신을 그대로 드러내고 인정할 수 있게 한다. 못생긴 것은 못생긴 대로 자신은 이렇게 생겼다고 말할 수 있게 한다. 자신이 어떤 사람인지 알아야 타인과의 관계에서도 나와 다른 것을 받아들여 나를 변화시킬 수 있다. 마음의 주인은 나이므로 마음속에서 일어나는 일이 사회적으로 바람직하지 않더라도 그동안의 페르소나를 벗고 용감하게 표현할 수 있다. 누구에게 잘 보이려는 목적도 없으니 솔직할 수 있다. 평가받는 숙제가 아니니 부담스럽지도 않다. 또한 평소 같으면 불편한 마음을 무의식적으로 다른 사람에게 투사하는 일도 글로 해결할 수 있다.

신기한 것은, 글이 예상하지 못한 방향으로 발전하여 쓰기 전에는 의식 수준에서 전혀 몰랐던 속마음을 알게 되는 것이다. 일단 글을 쓰면 의식에서 억압했던 무의식의 내용이 경계를 뚫고 흘러나오기 시작한다. 쓰기 시작했을 때의 의도와 글의 결과가 다른 경우도 많다. 글을 보고 나서야 자신이 이런 생각을 했다는 것을 느낄 때도 있다.

해결되지 않는 고민이나 잊지 말아야 할 기억을 강박적으로 마음에 담고 있으면 장기적으로 정신 건강에 나쁜 영향을 미치게 되지만, 글로 쓰면 내 마음 밖으로 내보낼 수 있었다. 걱정거리를 마음속에 담아두는 것이 아니라 노트로 옮기니 남의 일처럼 만들 수가 있다. 그것들이 나를 사로잡지 못하게 할 수 있다. 무책임하게 잊은 것이 아니라 노트에 잘 넣어 두었다가 자신이 나중에 대면할 힘이 생겼을 때 꺼내서 기억하고 해결할 수도 있다. 죄책감도 줄일 수 있고 내용을 객관화해서 판단할 수도 있다. 실제로 오래 담아두었던 글을 꺼내서 보면 과거처럼 흥분하지 않고 분노

하지 않은 채로 그때를 바라볼 수 있다. 그때는 보이지 않던 해답이 보일 때도 있다. 또한 과거를 바꿀 수는 없지만, 이제는 성숙한 자아가 그때로 돌아가 어린 자아를 위로할 수도 있다.

이렇게 보면 글쓰기란 이제는 힘이 생긴 자아가, 힘들었던 과거의 시간으로 돌아가 그때의 힘들었던 나를 보듬는 작업이다.

누구나 자신만의 인생 이야기가 있다. 어릴 적, 어른들이 '내 인생을 글로 쓰면 책으로 몇 권은 된다'라는 말을 하는 것을 많이 들었었다. 그러나 그들 중 실제로 자신의 이야기를 쓴 사람은 많지 않다. 마음에 이야기를 억압하여 가두어 둔 어른들이 끝없이 과거를 소환하며 나쁜 기억에서 벗어나지 못하는 것을 자주 보았다. 나이가 들어 살아갈 시간이 많이 남지 않았을 때, 후회와 억울함만을 안고 불행하게 지내다가 마무리하는 인생은 끔찍하다. 글로 자신의 인생을 꺼내서 돌아보고 비록 힘들었던 경험이라도 거기에 의미를 부여할 수만 있다면, 회한이 많이 남지는 않는다. 최소한 자기의 마음속에서 자신이 편집하고 해석한 스토리를 완결하고 죽을 수 있는 것이다.

마지막으로, 유전자를 나눈 자식들에게, 재물이 아니라 자기 생각과 인생을 담은 글을 유산으로 남길 수 있다. 의외로 자식들은 부모님의 인생과 생각을 모른다. 나도 우리 부모님의 생각을 잘 알지 못했다. 사식들이 죽은 부모가 생각날 때 묘소에 찾아가 감상에 잠기는 것은 부모와 상관없는 자기 위안일 뿐이다. 자식들이 부모의 진짜 인생과 생각이 담긴 노트를 보며 진짜 부모를 추억하면 좋겠다. 그러면 그때는 자신보다 더 젊었던 부모도 미숙하고 완벽하지 않았다는 것을 이해하게 된다. 글을 통해 그들이 한계 내에서 최선을 다했다는 것을 알면, 부모와 진심으로 화해할 수 있다.

> **마음의 한 줄**
> 글쓰기를 통해 자신을 알고, 스스로 치유도 하고, 다른 사람과 마음을 나눌 수도 있다.

천사를 보았다
타인의 친절

젊은 시절, 나는 가능하면 다른 사람들에게 도움을 청하지 않는 편이었다.
되도록 문제는 스스로 해결한다는 마음이었다. 어릴 때는 이런 마음을, 인간은 독립을 추구해야 마땅하다고 생각하고 장점으로 여겼었다. 지금 생각해 보면 어려서 미숙하기도 했었고, 그때까지 편안한 환경에서 자라서 별 탈이 없었으니 모든 것을 내 힘만으로 해결할 수 있다고 착각하는 오만이었을 뿐이다.

아무튼 직장을 다니며 연년생 아들을 키울 때도 부모님에게 아이들을 돌보아 달라고 부탁드릴 생각조차 하지 않았었다. 아이는 스스로 키우겠다는 생각뿐이었다. 결국 힘들어서 버티지 못하고 직장을 그만두었는데, 나중에 부모님이 연로하셔서 전적으로 보살펴드려야 하는 상황이 왔을 때 나도 몰랐던 숨겨진 서운함이 폭발하였다. 열심히 도와드려도 만족하지 못하시고 해 드릴 수 있는 한계를 벗어난 요구를 하실 때, 아이들도 안 봐주시더니 왜 이렇게 무리한 요구를 하실까 하는 마음이 불쑥 올라왔다.

어쩌면 부모님은 손주의 육아가 힘들어서일 수도 있고, 노년을 즐기고 싶어서 육아를 맡지 않았을 수도 있었다. 혹은 평소의 나를 보았을 때 자기 가정의 울타리를 지키고 싶어 하니 자신들의 도움을 거부할 거로 생각하고 개입하지 않았을 수도 있었다. 사실 육아를 부탁한 적도 없었기 때문에 부모님도 거절한 적도 없었던 것이다. 그러나 나중에 커리어가 끊기고 바쁜 기간도 지나가자 심한 무력감에 빠졌고 부모님에 대한 원망의 마음도 올라왔다.

쓸데없는 가정이지만, 휴직해서 아이들이 세 살 정도 될 때까지는 직접 키우고 이후 한 3년 부모님께 육아를 부탁드렸다면, 계속 직장에 다니면서 아이들도 학교에 보내서 고비를 넘기지 않았을까? 그랬다면 나중에 부모님께 미안하고 고마워서 더 기꺼이 돌봐드리지 않았을까 하는 생각이 든다. 도움받지 않아도 잘 할 수 있다는 오만과, 경계를 지키고 싶었던 개인주의와, 솔직하지 못했던 마음이 인생을 결정지었던 것 같다.

이렇게 미련은 남지만 자신이 결정할 수 있었던 상황도 있었던 반면, 개인의 의지와는 상관없는 경우도 있었다. 아이들과 외국에서 있었을 때 급성 맹장염에 걸렸었다. 남편은 볼일이 있어서 한국에 갔던 시기여서, 아이들과 나만 있었는데, 새벽부터 아프기 시작한 배가 오전이 되자 더 심하게 아팠다. 겨우 차를 끌고 동네 병원에 갔는데 의사가 방광염으로 오진을 했다. 그는 항생제를 처방했고, 당연히 낫지 않고 구토까지 나며 악화하였다.

결국 혼자서는 해결할 수 없다는 판단을 내리고, 이민 온 친한 친구들에게 구조 요청을 했다. 친구들이 달려와서 나를 종합병원 응급실로 데려갔고, 그곳 병원 응급실은 위중한 순서가 아니라 선착순이어서 줄을 서서 기다리게 되었는데, 너무 아파서 배를 부여잡고 대기실 바닥을 기어 다니게 될 정도가 되었다. 친구들이 저녁이 다 되어 내 순서가 될 때까지 같이 기다려 주고 입원 수속 까지 도맡아 해 주어서 다음날 수술을 할 수 있게 되었다.

수술 뒤에도 아이들을 돌봐주고, 퇴원했을 때 먹을 것을 가져다주고, 회복할 때까지 돌보아준 친구들에게 고마움을 잊지 못한다. 신이 많은 아이를 돌보지 못해서 엄마를 만들었다고 하는 것처럼, 신이 어른을 돌보라고 천사를 파견했다면 이 친구들이었을 것으로 생각한다.

아무리 기를 쓰고 오만해지고 싶어도 그럴 수 없는 무력한 상태가 되니, 주시는 도움을 겸손하게 감사히 받게 되었다. 지금까지는 세상에 천사가 있어도 볼 수 없는 상태였는데, 내 힘만으로는 아무것도 못 하는 상태가 되니 그제야 겸허한 눈으로 천사를 볼 수 있게 되었다.

기도도 마찬가지이다. 사람은 자기가 할 수 있는 일이 아무것도 없을 때라야 두 손 모으고 기도를 한다. 특정 종교의 방식이 아니라 옛날 엄마들이 장독대에 맑은 물 한 사발 떠 놓고 비는 마음이다. 누구나 그럴 때 돈을 많이 벌게 해 달라는 욕망을 늘어놓지는 않는다. 자식들이 건강하고 바르게 살게 해 달라는 기도를 드릴 것이다.

얼마 전 가족이 건강 검진에서 이상 징후를 발견해서 조직 검사를 했을 때도 심한 무력감을 느꼈다. 다행히 결과가 좋게 나왔지만, 결과를 듣는 날까지 할 수 있는 일이 아무것도 없었다. 종교를 가지지 않았으니 마땅히 찾아갈 곳이 없었다. 동네에 아름다운 성당이 있지만, 신자가 아니어서 정기적으로 다니는 곳이 아니다. 그 성당 뒷마당에 소박한 성모상이 있는 것을 지나갈 때마다 관심이 있게 보았었는데, 갑자기 그 조각상을 보면서 기도하고 싶어졌다. 나에게는 아들을 잃고 죽은 아들을 무릎에 안고 슬퍼하는 성모 마리아의 마음이 진정한 종교의 터전으로 여겨진다. 종파를 막론하고 그런 기도가 진짜 기도라고 생각한다. 그래서 밤에 마리아상 앞으로 달려가 그 앞에서 진솔한 기도를 드렸었다.

이제는 자신이 모든 것을 할 수 있다는 오만한 생각에서 벗어나서, 간절하게 기도도 하고, 겸손하게 친구들과 사랑뿐 아니라 도움도 주고받는다. 그리고 이 세상에서 천사를 본다.

> **마음의 한 줄**
> 누구도 혼자서는 살 수 없다. 겸손하게 타인의 도움을 받고, 자신도 타인에게 도움을 줄 수 있는 사람이 되어야 한다.

나도 바라는 달디단 〈밤양갱〉
연예인에게 반하는 이유

유행하는 노래를 잘 듣지 않는 나에게 한 노래가 꽂혔다. 언제부턴가 올라오는 글들에 심심치 않게 '밤양갱'이란 단어가 나왔음에도 눈치채지 못하다가 우연히 비비의 〈밤양갱〉이란 노래를 접했다. 가수의 매력적인 음색과 재미있는 가사와 리듬까지 삼박자가 맞는 노래를 만났다.

알고 보니 예전부터 좋아하던 장기하가 작곡과 작사까지 했다고 한다. 역시 가사와 리듬이 범상치 않더라니. 노래는 만든 창작자의 공이 제일 크다고 생각하지만, 이 노래가 뜬 건 가수가 매력적이기 때문이라고 생각한다. 그녀는 노래뿐 아니라 작사와 연기까지 하는 이미 알려진 예술가라는데 이번에 처음 알았다. 알고 보니 인기 연예인이어서 음악 프로그램과 연예 프로그램과 영화까지 종횡무진한다. 폭스바겐 효과처럼 한 번 관심을 가지니 여기저기에서 그녀를 발견할 수 있었다.

그녀가 매력적인 이유는 많다.

우선 노래를 잘한다. 음색도 예쁘고, 가성도 매력적이고, 발음이 좋아서 가사를 잘 전달한다. 그녀는 연기하듯 노래를 해서, 보면 저절로 노래의 의미를 알게 된다. 다음은 자유롭고 자연스러운 분위기를 가지고 있다. 예쁘게 보이려고 별로 노력하지 않는데도 호감이 생겨서 함께 대화하는 사람들을 무장해제 시킨다. 그녀의 얼굴은 데뷔 후 시간이 꽤 지났는데도 고치지 않고 자연스러워서 더 좋다. 또한 솔직하다. 여자 연예인들이 대화에서 자신의 좋은 부분만 표현하려고 하는 경우가 많은데 어쩌면 흉이 될 수도 있는 내용을 과하지 않게 이야기한다. 무엇보다 그녀는 에로틱한 분위기를 가졌다. 의상도 과감하고 노래의 표현이나 몸짓도 에로틱해 보이는데 이는 그동안 많이 보아왔던 걸그룹의 외설적인 섹시함과는 결이 다르다(걸그룹 가수들에게 이상한 섹시 댄스 좀 안 시켰으면 좋겠다).

사람들이 연예인을 좋아하고 내가 비비라는 가수를 좋아하는 이유는 무엇일까?

심리적으로 누구에게나 노래하고 춤추고 싶은 충동이 무의식 속에 있다. 또 여성적인 측면을 보여 주고 싶은 잠재적인 욕구가 있다. 먼 과거에는 부족들이 축제할 때 모닥불을 둘러싸고 돌아가며 노래도 하고 춤도 추며, 좋아하는 이성에게 신호를 보낼 수 있는 문화였다. 이후 중세나 유교적 분위기 아래에서 이런 표현이 비난받을 행위가 되면서 이런 욕구들이 개인의 무의식 안에 깊숙이 억압되었다. 그러나 이런 욕구는 억압되었을 뿐

없어지는 것은 아니라서 어떻게든 쌓인 압력은 분출되어야 한다.
그래서 요즘에는 사람들이 자신이 직접 표현하지 않고 그것을 대리하는 연예인들에게 자신의 마음을 투사하는 길을 택한다. 나같이 소극적인 사람은 음악을 찾아 듣는 정도로 끝나고, 적극적인 사람들은 콘서트에 가서 함께 즐기고 같이 춤추는 쪽을 택한다.

태어날 때부터 이런 마음의 표현이 멋진 사람이 있다. 그런 사람들이 연예인이나 예술가가 된다. 실망스러운 이야기지만 아무나 이런 경지에 이른다고 할 수는 없다. 평범한 사람이 억압된 욕구를 훈련이 안 되어 있는 상태로 분출하면, 보는 사람들이 괴롭다(혼자 즐기는 것은 물론 괜찮다). 그래서 세상에 연예인들이나 예술가가 필요하다. 그들의 작품을 감상하며 우리의 무의식을 투사하고 함께 따라 하기만 해도 압력이 해소되기 때문이다.

좋아하는 연예인의 모습에는 우리가 무의식에 꼭꼭 숨겨놓은 자라지 못한 아름다움과 발랄함이 들어 있다. 어떤 연예인이 이상하게 너무 좋다면 그가 보여 주는 것들이 우리의 마음속에도 들어 있는 측면들이기 때문이다.
아마 나는 그동안 점잖은 여성의 페르소나를 쓰고 솔직하지 못했고, 품위 있는 말만 하려고 노력했으며, 여성적인 면이 드러나지 않도록 애쓰며 살아왔을 것이다. 그리고 보면 몸에 맞는 원피스를 입어 본 적도 거의 없다. 거짓을 말하지는 않았지만 남의 감정을 상하는 경우는 솔직한 말을 하는 대신 침묵을 선택했다. 항상 초자아의 검열을 받은 행동만 하고 살았다.

그러니 비비 같이 여성적이고 자유롭고 발랄하고 아름다운 예술가에게 반하는 것이 당연하다.

"떠나는 길에 니가 내게 말했지
'너는 바라는 게 너무나 많아'
아냐 내가 늘 바란 건 하나야
한 개뿐이야 달디단 밤양갱
달디달고 달디달고 달디단 밤양갱"

노래의 가사는 여성과 남성의 서로 다른 소통방식에 관한 이야기이고 밤양갱은 사랑을 의미하지만, 나에게 밤양갱은 초자아가 바라는 나 말고 본연의 자연스러운 나를 말한다.

마음의 한 줄

어떤 대상이 이유 없이 좋다면, 그것이 내 마음에 들어 있는 어떤 측면을 가지고 있기 때문이다.

숨어 있는 빨강
눌러도 튀어나오는 색

'빨강' 하면 제일 먼저 떠오르는 이미지는 동화 속 '빨간 모자'이다. 빨간 망토를 두른 소녀를 매력적으로 보는 존재는 동화 속의 늑대뿐이 아니다. 소설가 찰스 디킨스도 빨간 모자가 너무 매력적이라고 하였고 이와 비슷한 생각을 가졌던 사람들이 많았다. 이것은 사람들이 자기 마음속에 있는 어떤 부분을 빨간 모자에게 투사하기 때문이다. 빵을 가지고 한눈팔지 말고 할머니 댁에 가라는 엄마의 말을 무시하고 빨간 모자는 무의식적으로 샛길로 빠지고 늑대를 만난다. 소녀 마음의 빨간 부분이 늑대를 찾은 것이다. 초록색 숲속에서 뛰어다니는 빨간 모자를 상상해 보라. 보색의 대비와 생생한 움직임이 느껴진다.

동화 「백설 공주」에서 백설 공주는 숯처럼 검은 머리와 흰 피부에, 피처럼 빨간 입술을 가졌다. 난쟁이들이 과거 백설 공주가 계모가 가져온 머리빗과 허리띠의 유혹에 빠져 위험에 처했을 때를 상기시키며 여러 번 경고했음에도 불구하고, 백설 공주는 계모가 가져온 사과의 잘 익은 빨간 부분을 참지 못하고 깨물어 먹고는 기절하여 깨어나지 못하다가 왕자를 만나 겨우 살아난다. 창세기 아담도, 그리스 신화 속 아프로디테도 빨간 사과는 못 참는다.

「잠자는 숲속의 미녀」에서 미녀는 왕이 외부와의 접촉을 모두 막았음에도 불구하고 열여섯 생일에 성의 꼭대기 방에서 물레에 찔려 빨간 피를 흘리고 100년 동안의 잠에 빠져든다. 역시 왕자가 100년 후에 입맞춤으로 공주를 깨운다. 부모가 아무리 막아도 소녀의 성숙과 발달을 막을 수는 없다.

「미녀와 야수」에서 미녀는 장에 다녀오는 아버지에게 하필 겨울에, 빨간 장미 한 송이를 가져다 달라고 한다. 아버지는 야수의 성안으로 들어가 하얀 눈밭에 핀 빨간 장미를 꺾는 위험을 감수하다가 야수를 만나고, 이것이 미녀를 야수에게 데려가는 계기가 된다.

소설이나 드라마나 영화나 현실에서도 빨강의 이미지는 강렬하다.
영화 〈매트릭스〉에서 주인공 네오는 가상현실에 들어갔을 때 거리에서 지나가는 많은 행인 중 빨간 옷을 입은 미모의 여성에게 자기도 모르게 정신을 팔다가 적의 공격을 받는다. 또 파란 알약을 선택하는 사이퍼와는 달리, 빨간 알약을 선택하여 자신의 참모습을 찾는다.

영화 〈셰이프 오브 워터〉에서 여주인공은 양서류 생물과 사랑을 시작한 후, 빨간 립스틱을 바르고 빨간 구두를 신고 다닌다.
『안나 카레니나』에서 애인의 사랑을 의심하여 절망한 안나가 죽음을 결심하고 기차역에서 열차에 투신하려고 했을 때, 그녀는 자신이 들고 있는 빨간 핸드백을 보면서 잠시 뛰어들기를 주저하며 첫 번째 기차를 보낸다. 젊은 그녀는 빨강을 보며 살고 싶다고 생각한다.
영화 〈화장〉에서 안성기는 암으로 죽어 가는 아내를 헌신적으로 돌보느라 오랫동안 황폐해진 일상에서 여직원의 빨간 원피스를 떠올린다.
영화 〈쉰들러 리스트〉에서 아우슈비츠로 끌려가는 무채색 옷을 입은 침울한 유태인들 사이로 빨간 코트를 입은 어린 소녀가 같이 행진한다. 그 아이는 죽으러 가는 사람들의 마음 안에 들어 있는 마지막 생명의 불씨이다.

이렇게 사람들의 마음에는 빨강의 이미지로 표현되는 부분이 들어 있다. 충동이나 본능이라고 해도 좋고, 열정이라고 할 수도 있고, 프로이트식으로 '이드'라고 해도 좋다. 이것은 삶의 악센트가 된다.
또 빨강은 성숙을 의미하기도 한다. 빨간 모자처럼 너무 이르면 위험에 빠지기도 하고, 잠자는 숲속의 미녀나 백설 공주처럼 부모가 억지로 막으려 해도 막을 수 없는 발달 단계이다. 미녀처럼 위험을 자초해서 야수에게로 가는 계기를 만들어 아버지로부터 독립하기도 한다.

누구에게나 들어 있는 빨강을 억압하는 것은 자연스럽지도 않을 뿐 아니라 가능하지도 않다. 결국 사람들은 언젠가 지루한 흑백 영화 같은 인생에서 자신을 가장하던 페르소나를 벗고 마음속에 숨어 있는 빨강을 찾아내게 되어 있다.

빨강을 찾아내면 인생은 참으로 뚜렷한 악센트를 가진 역동적인 컬러 영화가 된다.

마음의 한 줄

모든 이의 마음속에는 빨강이 숨어 있다. 빨강을 찾아내면 삶은 역동적인 컬러 영화가 된다.

성찰 노트

1. 언제 처음 나이 듦을 실감했나요? 그때 어떤 감정이 느껴졌나요?

2. 20년 전의 나와 지금의 나는 어떻게 달라졌나요?

3. 인생에서 가족관계와 같이 변경할 수 없는 조건을 어떻게 받아들였나요?

4. 여러 제한적인 조건 속에서도 자신이 일관되게 유지한 삶의 태도는 무엇인가요?

5. 나이 들어가며 지켜야 할 것과 놓아야 할 것은 무엇인가요?

6. 미래의 '나'가 지금의 '나'에게 어떤 조언을 할 것으로 생각하나요?

7. 자신이 타고난 고유한 성향은 무엇인가요?

8. 자신이 바라는 노년의 모습은 어떤 모습인가요?

2부 노년의 여름

자기의 색을 찾아 떠나는 여정

좋아하는 활동을 통해
삶의 한계를 넓히는 다양한 경험을 하고
노년의 성숙을 위해 노력한다.

4. 내가 좋아하는 것들
5. 한계를 넓히는 여행
6. 독서는 나의 힘

4. 내가 좋아하는 것들

아침의 카페
나에게 시간을 선물한다

새벽부터 비가 억수같이 쏟아진다. 호우경보까지 내렸다. 비가 들이칠까 봐 집안을 돌아다니면서 열어놓은 창문을 하나씩 닫으며, 잠시 카페에 갈까 말까 망설인다. 평소에 말썽인 호흡기도 살짝 안 좋은 것 같고, 비도 많이 와서 번거로운데 집에 있을까 고민한다. 그러나 이렇게 주저앉은 날들을 돌이켜볼 때, 그곳에 가지 않은 것을 후회한 경우가 대부분이었다. 아침에 정신을 깨우기 위해 마시는 커피가 결정을 가른다. 가지 않는 날은 집에서 커피를 만들어 마시고, 가기로 한 날은 카페 개장 시간까지 꾹 참는다. 참은 게 아까워서 나를 일으킨다. 몸 안의 부족한 카페인 농도가 나를 서둘러서 나가게 만든다.

우리 동네 카페의 개장 시간은 9시이다. 회사원들이 많은 번화가도 아니고 프랜차이즈가 아니면 아침 일찍 문을 여는 경우가 드문데, 여기는 비교적 일찍 문을 연다. 3층 건물 하나를 통째로 쓰고 있는 카페는 넓고 쾌적하며 루프탑까지 있는 전망 좋은 공간이다. 빵집과 계산대는 1층에 자리 잡아서 2층에 올라오면 누구의 눈치도 보지 않고 나에게 집중할 수 있다. 이곳의 2층은 천장이 높고 밖으로 향한 벽면이 다 창이어서 그 개방감은 이루 말할 수 없이 좋다. 오늘처럼 비라도 오는 날이면 창밖의 나무와 중학교 운동장까지 촉촉해져서 운치를 더한다.

9시 정각에 문을 밀고 들어오면 대부분은 내가 첫 번째 손님이다. 2층은 안쪽 벽 쪽에 긴 벤치형의 푹신한 의자가 있어서 혼자 작업하는 사람들은 대부분 그쪽에 자리 잡는다. 소그룹이 앉아서 담소를 나눌 수 있는 작은 원형 테이블과 여럿이 격의 없는 회의라도 할 수 있는 긴 대형 테이블이 중앙에 놓여있다. 그중에 내 자리는 푹신한 벤치가 있는 벽 쪽 구석자리이다. 그곳에 앉아서 감상한 영화의 줄거리도 요약하고 내 생각도 정리해서 글을 쓴다.

다른 글에서도 이야기한 적이 있지만, 나에게 필요한 것은 돈보다 시간이다. 물론 이것은 의식주가 해결된 사람의 배부른 소리이기는 하다. 스스로 벌어 먹고살아야 하거나 가족을 부양하거나 아이들을 양육하는 사람의 경우 당연히 그것이 최우선 순위이다. 그러나 이런 것이 충족되고 그 기간이 끝나고도 돈에 매여 자신에게 시간을 잘 쓰지 못하는 사람이 많다. 돈은 벌 수 있으나 한 사람에게 주어진 시간은 유한하고 만들어 낼 수도 없다. 그러니 먹고살 걱정이 없으면서도 돈을 불릴 생각만 하는 사람들은 어리석다고 생각한다.

집에 있으나 카페에 있으나 객관적인 시간은 마찬가지겠지만 내가 원하는 시간은 온전한 시간이다. 조각난 시간이 아니라 긴 호흡으로 몰입할 수 있을 정도의 충분한 시간이다. 부엌에서 인기척이 들릴 때 혹시 가족이 배고픈지 신경 쓰고, 저녁거리로 무엇을 사러 가야 하나, 날이 좋으니 세탁기를 돌려야 할까 하는 걱정을 안 해도 되는 공간이 필요하다. 이러한 일들은 나에게 중요한 일을 하고 나서도 얼마든지 할 수 있는 일들이다. 나에게 온전한 시간을 허락하면 허드렛일은 오히려 더 능률적으로 몰아서 빨리할 수 있고 가족들과도 집중적으로 퀄리티 타임을 가질 수 있다.

카페의 소음은 집안의 소리와는 달라서 모르는 사람들이 내는, 신경이 쓰이지 않는 소리이다. 그러나 나와 가까운 사람들의 소리는 나에게 영향을 많이 준다. 수시로 마음에 틈입해서 애써서 만든 나의 세계를 부순다.
그래서 할 수 없이 절간같이 조용한 집을 놔두고 카페로 달려간다. 거기서 예전에 보았던 좋은 영화를 꺼내서 곱씹으며 전혀 다른 세상에서 살아 보기도 하고, 나를 불편하게 했던 과거의 어느 시점으로 돌아가 시간을 정지시키고 그때를 다시 바라보기도 한다. 정지 화면에서 그때는 못 보았던 것을 찾아낼 수도 있고 큰 그림을 이해할 수도 있다. 이러한 작업이 나에게 시간을 무한대로 늘려주어서 영원을 맛보게도 한다.

비를 뚫고 카페에 오기를 잘했다.
오늘도 1등으로 카페에 입성해서 거의 30분 동안 공간을 혼자 독차지 할 수 있었고, 마음에 드는 자리에 앉을 수 있었다. 또 전면 창으로 비 오는 멋진 경치를 감상할 수 있었고, 이 글을 쓸 수 있었다. 글 쓰는 사람들이 카페 주인의 눈치를 보느라 여러 카페를 전전한다는 이야기도 심심치 않게 들려온다. 아침에 일찍 여는 카페가 많지 않고, 공간감과 전망까지 좋은 카페도 드물다. 이렇게 마음 편하고 쾌적한 환경에서 글을 쓸 수 있는 조건을 가진 카페 근처에 살아서 다행이다. 운이 좋은 정도가 아니라 뒤늦게 60에 글을 시작할 수 있었던 것이 다 이 카페 덕분이라고 생각한다. 나의 에세이를 모아놓은 브런치 매거진의「나무 아래서 나누는 이야기」가 이 카페의 이름을 풀어서 만든 제목이다. 이런 멋진 공간을 누릴 수 있어서 진심으로 고맙고 행복하다.
아침의 카페는 이렇듯 나에게 사유하고 글을 쓸 수 있는 온전한 시간이라는 대단한 선물을 준다.

마음의 한 줄

혼자서 사유할 수 있는 시간을 스스로 선물하는 것은 자기를 진심으로 존중하는 일이다.

자기만의 방
버지니아 울프의 조언

거실 한구석의 조그만 테이블에서 책을 보고 글을 쓰다가 손님이 오거나 일이 생기면 황급히 노트 위에 천 조각을 덮어서 숨기고 일어나는 제인 오스틴을 그려본다. 놀라운 재능을 가진 이 여성 작가가 자기만의 방을 가지고 방해받지 않고 작품 쓰기에 몰입할 수 있었다면 우리는 더 많은 그의 작품을 만날 수 있었을 것이다. 그래서 버지니아 울프는 인간이 자신을 들여다보고 인간답게 살기 위해 자기만의 방이 필요하다고 역설했었다.

물론 울프는 자립할 수 있는 돈도 있어야 한다고 했다. 그래야만 남에게 의존하며 하기 싫은 일만 하다가 인생을 보내지 않을 수 있기 때문이다. 현대에도 회사의 사장이긴 결혼한 배우자이긴 경제권을 가진 사람의 비위는 맞추어야 한다. 운이 좋게도 그녀는 친척이 그녀에게 평생 독립할 수 있을 만한 유산을 남겨주었다. 그러나 누구나 그런 운이 따르는 것은 아니라서 유감스럽게도 보통 사람들에게 그런 것을 바랄 수는 없다.

또 하나, 근대 이전의 위대하다고 알려진 여성 작가 중 많은 사람이 미혼이어서 자녀가 없는 경우가 많았다. 과거 시대에는 결혼하는 경우 자녀 수가 많아서 육아 이외의 다른 일은 생각할 수조차 없었기 때문이다.

사정이 이러하니 유산도 없고, 결혼해서 아이들을 키워야 하는 여성들이 자기만의 방을 가지기는 힘들다. 현대에는 공간적인 의미의 개인의 방이 불가능하지는 않지만, 여기서 말하는 자기만의 방이란 일정 시간 이상 방해받지 않고 자기만의 일에 몰입할 수 있는 심리적 자유까지 포함하는 의미의 공간이다. 아파트에서는 방문을 닫아도 가족들의 일상이 다 들리고, 처리해야 할 집안일이 쌓여 있다는 것을 아니까 자신에게 오롯이 집중할 수 없다.

어떤 사람들은 여성들의 시간이 생각보다 많다고 주장하기도 하는데 같은 한 시간이라도 10분씩 떨어져서 합친 한 시간과, 몰아서 한 시간이 있는 것은 질적으로 다르다. 완전한 한 시간은 몰입이 가능하지만, 조각난 10분의 시간을 모아놓은 한 시간은 짧은 휴식 이외에는 어떤 의미 있는 일도 할 수 없는 시간이기 때문이다. 지난 시대의 여성 작가들의 작품에 긴 호흡의 글이나 위대한 글이 적었던 것은 재능의 부족이 아니라 자신만의 공간에서 긴 시간 몰입할 수 없었던 한계 때문이라고 생각한다.

그래서 추천하고 싶은 것은 여성들에게 짧은 시간이라도 자신에게 허용하라는 것인데, 여기서는 승진에 필요한 스펙을 위해 시간을 투자하는 것이 아니고 명상이나 독서나 글쓰기처럼 개인적인 시간을 가지라는 의미이다. 전업주부도 개인 시간이 필요한 것은 마찬가지여서 아이가 어느 정도 커서 집단생활을 시작할 나이가 되었다면 일단 집에서 일정 시간 동안 나오기를 추천한다. 집이 아무리 넓고 비어 있어도 집안일이 눈에 띄어야 하다가 보면 시간은 조각나고 하루하루가 정신없이 지나간다. 그야말로 집사람이 된다. 집안일을 잠시 미루고 일정 시간을 내어 사유에 필요한 일을 하러 카페나 도서관에 가기를 권한다. 친구와 사교하러 가는 것이 아니니 반드시 혼자 간다. 차도 마시고 맑은 정신으로 사색하고 책도 보고 글도 쓴다. 이렇게 자신을 위한 시간을 잠시라도 가지면, 아이도 더 잘 키울 수 있고 집안일도 더 능률적으로 할 수 있다. 물론 이것도 약간의 경제적 여유가 뒷받침되어야 가능하기는 하다.

가장 중요한 것으로, 무엇보다 이러한 마음의 여유와 자신의 존재에 대한 의미 부여가, 세상이나 남성들을 원망하지 않게 만든다. 세상에는 억울한 여성들이 많고 그들의 한탄은 끝이 없다. 그러나 짧은 인생에서 쓸데없이 남 원망하느라 시간 낭비하지 않았으면 좋겠다. 자신에게 의미를 부여하면 상대에게 희생의 대가를 바라지 않으니 그들의 비위를 맞출 필요도 없다.

자기를 돌보고 자신감을 찾게 되면 오히려 파트너인 남성들의 불쌍한 처지도 보인다. 어떤 면에서 현대 남성들에게는 조각난 시간조차 없기 때문이다. 남성들은 모든 시간을 경제 활동에 쓰고 돌아와도 자신만의 공간은 없고 불행한 아내의 눈치까지 보아야 한다.
이렇게 보면 경제적인 여유나 자기만의 방은 모든 인간에게 필요한 조건이기도 하다. 인간에게는 산책하고 시간을 가지고 자신에게 집중할 수 있는 여유가 필요하다. 만일 남성에게만 모든 경제적 부담을 지게 하고 여성만 여유를 누린다면 그 또한 불공평한 일이다.

다른 성을 이해하고 통합하면 여성이 불평이 아닌 진짜 자기 목소리를 낼 수 있다. 남성들 또한 작품에서 멋대로 상상한 여성이 아닌 진짜 여성을 묘사할 수 있다. 심리학에서는 여성의 마음에도 남성적인 부분인 '아니무스'가 있고 남성의 마음에도 여성적인 부분인 '아니마'가 있다고 한다. 역사적으로 위대한 예술가들을 보면 두 가지 성을 다 이해해서 표현한 사람들이 많았다. 경제적 여유와 자신의 공간을 갖고 자신을 바라보고 표현할 수 있는 용기는, 성과 시대를 초월한 자유로운 인간의 조건이다. 그리스 시대에도 자유인은 표면적으로는 귀족 남성이었으나 실제로는 돈을 벌지 않아도 여가가 있어서 자유롭게 생각을 할 수 있는 여유를 가진 사람이었다.
여성이 이른 나이에 강제로 결혼하고, 도서관 출입도 할 수 없고, 돈 벌수 있는 수단도 없고, 심지어 돈을 소유할 수도 없는 등 절대적으로 차별받았던 때와는 달리, 현대에는 여성도 반대 성에 전적으로 의존하지는 않아도 된다. 따라서 자신을 포기하는 일은 어쩌면 치열하게 살겠다는 용기의 부족일 수도 있다.

누구나 경제적 여유를 확보하고 자녀를 키우기 위해 일정 시간을 쓴 뒤에, 버지니어 울프의 말대로 느긋하게 과거와 미래를 사유하고, 책을 보면서 꿈꾸고, 생각의 낚싯줄을 강물 깊이 드리울 기회를 가질 수 있으면 좋겠다.
모두가 위대한 일을 하는 사람이 되지는 못하겠지만 나 자신으로, 자기의 색깔대로 살면서 인생에 의미를 부여하지 못한다면 스스로에게 참으로 미안한 일이다.

> **마음의 한 줄**
> 자기만의 공간에서 책을 읽고 꿈을 꾸며 사유하는 것이 인간답게 사는 길이다.

땡큐, 디카페인 커피!

나는 커피를 좋아한다. 아침의 커피 한잔은 정신을 깨우며 하루를 열게 해 준다. 또 오전에 집중해서 좋아하는 일을 할 수 있게 해 준다. 노트북을 싸 들고 카페에 가서 마시는 커피도 좋아하지만, 집에서 만들어 마시는 커피도 좋다. 그렇다고 세심한 커피 취향이 있는 것은 아니고 너무 진하게 로스팅이 되지 않은 것으로 약간의 산미가 있으면 된다.

그러나 젊었을 때도 카페인에 민감해서 오후에 마시면 밤에 잠을 못 자고 심장이 뛰고 손이 떨렸었고, 나이가 들어서 더 심해진 것이 문제이다. 두 잔 이상 마시면 일을 잘하는 것이 아니라 오히려 흥분되어 아무 일도 못 한다. 자신을 아니까 시간과 분량을 잘 정해서 마신다. 카페에 가는 날은 꾹 참았다가 가서 마시고, 집에서 마시는 날은 아침 일찍 만들어서 조금씩 홀짝홀짝 맛을 음미하며 아껴서 먹는다.

그러다가 요즘은 오후에도 커피를 즐길 수 있게 되었다. 초기에는 큰 가

맹점 카페에서만 팔던 디카페인 커피가 대부분의 카페에 등장하게 되었고, 집에서 먹는 캡슐 커피도 디카페인 제품이 괜찮게 나오기 시작했다. 그래서 오후에도 부담 없이 디카페인 커피를 한잔 더 마신다.

커피에서 카페인을 제거하는 기술은 여러 가지이다.
오래전에는 유기용매를 이용하여 카페인을 추출해서 제거했었다. 그렇게 하면 원두에 용매가 소량 남아 있을 수도 있고, 그때는 벤젠 같은 1급 발암물질을 이용하기도 해서 유해하다고 판정이 났다. 지금은 해가 없다고 알려진 다른 용매를 쓰고 있고 그나마 요즘은 많이 쓰지 않는 기술이다.
다음은 스위스에서 개발한 뜨거운 물을 이용하는 방법인데, 원두를 뜨거운 물에 넣고 끓인 후 카페인이 녹아 나오면 그 물을 탄소필터를 사용하여 카페인을 걸러내고 나머지 물은 다시 원두에 흡수시키는 방법이다(고비용이라고 한다).
마지막으로 요즘 우리나라에서 많이 쓰는 방법으로 이산화탄소를 초임계상태로 만들어 뜨거운 물에 불린 원두에 고압으로 넣어 주면 유동체의 상태인 초임계상태의 이산화탄소가 원두에 침투하여 카페인을 녹이고 다시 압력을 낮추면 기체로 날아가게 되어 카페인이 제거되는 방법이다. 초임계상태의 이산화탄소는 낮은 분자량의 비극성 물질인 카페인은 잘 용해하고 커피 향을 내는 물질인 극성 물질은 적게 용해하므로 향은 놔두고 카페인만 제거한다.
초기에 먹었던 디카페인 커피는 뭔가 밍밍한 맛이었는데 기술이 발달해서인지 요즘은 보통 커피와 거의 비슷하다는 느낌이다. 그러나 어떤 공정으로 만들어도 카페인을 100% 제거할 수는 없다. 나라마다 기준은 다르다는데 우리나라는 90% 이상 제거하면 디카페인으로 인정한다. 그래서인지 디카페인이라도 먹으면 졸음이 좀 가시고 약간 정신이 난다.

또 지방이 많은 원두 종류가 향을 더 보존하기가 좋아서 디카페인 커피의 원료로 많이 쓰인다. 그래서 고지혈증 환자는 디카페인 커피가 해로울 수도 있다.

아무튼 기술의 발달로 커피는 좋아하지만, 카페인에 민감한 나 같은 사람들도 편하게 커피를 마시는 시대가 되어서 좋다. 물론 공정에 탄소 에너지를 많이 쓸 테니 지구에는 안 좋은 일이겠다. 커피를 마시고 생긴 힘으로 좋은 일을 많이 하면 결과적으로는 엔트로피를 많이 늘리지는 않겠다는 엉뚱한 변명을 해 본다.

집에서 아이스 커피 만들어 먹는 방법을 공유하려고 한다. 카페에서도 아이스 아메리카노에는 표준 사이즈에 에스프레소 커피 2샷을 넣는다. 약하게 먹는다고 샷을 줄이면 밍밍하고 간이 안 맞는다. 그러니 카페인이 신경 쓰인다면 반반 커피를 만드는 것을 추천한다. 디카페인 커피를 섞는 것이다. 1샷은 카페인 커피, 1샷은 디카페인 커피를 넣고 얼음을 듬뿍 넣고 만든 아이스 아메리카노는 여름을 즐길 수 있게 만들어 준다. 가장 순수한 맛이다.

인스턴트 커피도 아이스 커피에 적합하다. 함께 놀러 갈 때마다 아이스 커피를 슬러시처럼 얼려오던 착한 친구 생각이 난다. 그러나 인스턴트 커피를 많이 먹으면 좋지 않다고 하니, 약간의 절충을 한다. 일반 커피믹스 한 봉지에 디카페인 카누 한 봉지를 넣고 뜨거운 물에 녹인 후 얼음을 넣는다. 덜 달고 카페인도 반이니까 죄책감이 좀 줄어든다.

위의 모든 방법은 디카페인 커피를 반 섞는 방식이다. 카페인에 민감해서 쓰는 절충안이다. 확실히 쨍하고 정신 나는 악마의 맛은 아니다. 그래도 거의 오리지널과 비슷한 맛의 커피를 즐길 수 있다.

올여름이 아주 더울 거라고 하는데, 이 방법으로 커피를 만들어 먹으며 버티고 살아남으려 한다.

> **마음의 한 줄**
> 커피는 포기하지 못하지만 카페인에는 민감한 사람들에게, 디카페인 커피는 구원이다.

탁구장에서 맛보는 환희
실력으로 대결하는 사회

전통적으로 유교 국가인 우리나라에서는 몸을 쓰는 일을 좋게 보지를 않았다. 그것이 돈을 버는 일이건 즐거움을 위한 일이건 간에, 머리를 쓰는 일에 비해 낮은 평가를 받아온 것이 사실이다. 직업도 책상에 앉아 펜을 굴리는 일을 하라고 하고, 혹시 춤이라도 배우려고 하면 색안경을 쓰고 보던 시절도 있었다.

시대가 많이 바뀌어 이제는 직업과 취미에 대한 인식도 달라지고 몸을 건강하게 만드는 것을 좋게 보고 관심도 많이 갖는다. 건강을 위해 운동을 열심히 한 사람은 결과적으로 군살이 빠지고 근육이 붙어서 신체도 아름답다.

그러나 건강이나 재미 이외에 다른 요소가 끼어들기도 한다. 요즘은 거꾸로 신체를 아름답게 하려고 운동을 하기도 한다. 또 어떤 사람들은 장비가 얼마짜리인지에 관심이 많아서 비싼 장비를 사는 데 신경을 많이 쓴다. 비싼 장비가 성능이 좋기도 하지만, 남의 주목을 받기 때문이다. 어떤 운동은 멀리까지 가야 해서 시간적 경제적인 부담이 만만치 않아도 사교적인 목적으로 인기가 있다. 물론 땅이 넓은 북아메리카 사람들은 가까운 곳에서 재미로 운동을 한다. 외국에 잠시 살았을 때 그 사람들은 복장도 신경 쓰지 않고 쉽게 이웃과 어울려 가까운 곳에서 운동하는 것을 자주 보았다.

운동은 외적 조건에 신경 쓰지 말고 순수하게 즐기는 것이 좋다는 게 내 생각이다. 재미있게 하다 보면 그것의 결과로 몸매도 좋아지고, 건강해지고, 인간관계도 좋아진다.

인간은 '놀이를 하는 동물'이라 하고 그중에서도 몸을 쓰는 놀이가 가장 기본적이라고 할 때 탁구는 좋은 운동이자 놀이이다.

첫째, 재미있다. 작은 공을 작은 라켓을 써서 네트 너머로 넘기는 간단한 놀이이지만 상대방과 마주 보고 공을 주고받아야 해서 그 상호 작용에서 오는 즐거움이 상당하다. 진지한 성격의 내 친구는 보통 때 웃는 일이 많지 않았는데, 탁구를 같이 치면서 그 친구가 그렇게 잘 웃는 사람이란 걸 처음 알았다. 웃음의 종류도 어린아이처럼 순수한 웃음이었다. 사람이 살면서 이런 웃음을 많이 웃어야 행복하다고 생각한다.

둘째, 운동량이 제법 된다. 피트니스나 워킹이나 조깅의 운동 시간과 비교하자면, 재미있어서 더 오래 할 수 있고 땀에 흠뻑 젖을 정도의 운동이 된다. 게다가 격렬하지는 않아서 연세가 있는 분들도 늦은 나이까지 지속할 수 있다.

셋째, 경제적이다. 편안한 복장에 적당한 탁구 라켓 하나만 사서 동네 커뮤니티 센터에 들어가면 된다. 일주일에 두 번 정도 모이는데 너무 재미있어서 더 하고 싶은 사람은 두 군데에 등록하거나, 사설 탁구 클럽에 등록해서 매일 가면 된다. 집 근처이니 가는 데 오래 걸리지 않고 돈도 많이 들지 않는다.

마지막으로, 우리나라에서 사람들이 모이면 각자가 할 수 있는 일, 재능, 생각 이런 것들보다 자산, 아파트 평수, 자식의 성취 같은 것만 화제에 올려서 피곤한데, 탁구장에서는 오직 그 사람의 탁구 실력이 모든 걸 제압한다. 돈, 나이, 지위 등을 다 치우고 실력으로 맞짱 뜰 수 있는 공간이다. 이러한 오염되지 않은 순수한 공간에서 오랜만에 나를 발전시키기 위해 노력하는 기쁨이 있다.

사족을 붙이자면, 무용이나 악기 연주나 그림 그리기 같은 예술 활동이 인간의 마음을 표현해서 분노까지도 승화시키는 작업인데, 탁구도 치면서(특히 스매싱) 마음속의 공격성 같은 부분이 표출되면서 해소되는 카타르시스를 경험할 수 있다. 서투르고 거친 분노 표출은 위험하지만 누구에게나 들어 있는 공격성을 운동 규칙에 맞게 알맞게 강도를 조절해서 표현하면 오히려 일상생활에서는 차분한 태도를 가질 수 있는 효과가 있다. 스트레스를 낮추니 화병이 생기는 것도 막아 준다. 그러니 정신과 의사에게 가지 말고 탁구장에 오시라.

물론 탁구 입문자에게 어려운 일이 없는 것은 아니다. 이것은 어떤 운동이나 마찬가지이기는 한데, 진입 장벽이 있다. 텃세라고 말하는 사람도 있으나, 잘 보면 그렇지는 않다. 텃세는 단지 새로 들어온 사람이어서 차별하는 것을 말하는데 탁구장에서는 새로 온 사람도 잘 치는 실력자이면 금방 그룹으로 동화된다. 강사가 레슨을 위해 상대해 주는 경우를 제외하고, 모든 스포츠는 서로 실력이 맞아야 재미있으므로 초보자와 치려고 하는 사람은 별로 없다. 결국 동호회에서 설움을 당하지 않으려면 자신의 실력을 향상하는 길밖에 없다. 개인 탁구 클럽에 가서 레슨도 받고, 기계로 연습도 하고, 자신과 비슷한 수준의 친구도 찾아서 연습하는 수밖에 없다.

이렇게 인고의 세월을 견뎌내면 탁구를 즐길 수 있는 수준이 되고, 어느 날 다른 테이블에서 같이 치자고 초대받는 환희의 순간이 온다.

> **마음의 한 줄**
> 인생에서 나이 들 때까지 할 수 있는 재미있는 운동을 찾는다면, 오래도록 신체적 심리적 건강을 유지할 수 있다.

나를 살맛 나게 하는 친구들
"아임 그루트"와 "인 덴 볼켄"을 알아듣는 사람들

춘추 시대의 백아라는 거문고 연주의 달인에게는 종자기라는 친구가 있었다. 백아가 높은 산에 오르는 장면을 상상하며 연주를 하면, 종자기가 듣고 있다가 우뚝 선 태산을 눈앞에서 보는 느낌이라고 하였다고 한다. 그래서 친구가 하는 소리를 그저 듣는 것이 아니라, 마음까지 알아주는 친구를 일컬어 '지음(知音)'이라고 한다. 백아는 종자기가 죽자 그의 묘지에서 마지막으로 거문고를 연주한 후, 거문고 줄을 끊고 다시는 연주하지 않았다고 한다. 지음이 없으니 연주하고 싶지 않았기 때문이다. 이것이 백아절현(伯牙絕絃)의 고사이다.

나에게도 이런 친구들이 있다. 학창 시절에 그 친구들과 그저 서로 눈빛만 교환해도 다음에 무슨 말을 할지 미리 알아서 말도 하기 전에 배를 잡고 웃었던 적이 많았다. 지금까지 몇십 년 우정을 이어오며 계속 소통하니 그들이 사연을 구구절절 이야기하지 않아도 몇 마디 말속에서 친구의 마음이 다 읽힌다. 무엇이 힘든지, 기쁜지, 슬픈지가 보인다. 이 정도면 우리도 '지음'이 아닌가 생각하기도 한다. 카톡에다 바쁠 때 급해서, 또는 노안 때문에, 또는 심란해서 아무 말 대잔치를 해도 찰떡같이 알아듣는 친구들은 정말이지 최고다.

최근에 본 영화 중 〈슬픔의 삼각형〉에서, 요트에 탄 여자 승객 중 뇌졸중에 걸려 몸이 마비되고 언어 장애가 생긴 인물이 있었다. 그녀가 할 수 있는 유일한 말은 "인 덴 볼켄"인데 독일어로 "구름 속에서"라는 뜻이지만 그녀는 그런 뜻으로 말하는 것이 아니라 모든 상황에서 그 말밖에 못한다. 그러나 신기하게도 그녀의 남편은 그녀가 정말 하고 싶은 말을 다 알아듣고 다른 사람들에게 통역하고 필요한 물건도 가져다준다. 그는 아내를 정말 사랑하는 것 같다.

아기가 어릴 때도 당연히 말을 못 한다. 조금 지나면 옹알이를 하는데 엄마나 가까운 가족들은 옹알이하는 아기와 대화를 한다. 얼추 알아듣고 그대로 해 주기도 하고 감정의 교류를 하기도 한다. 대화로 아기를 웃기기도 하고 울리기도 한다. 이렇게 자란 아이는 정서적으로 안정적인 사람이 될 수 있다.

영화 〈가디언즈 오브 갤럭시〉의 너무 귀여운 캐릭터인 그루트의 유일한 대사는 "아임 그루트"이다. 그대로 풀이하면 "나는 그루트이다"이지만 그는 모든 상황에서 이 말만 한다. 물론 말투와 문장부호는 때마다 다르다. 친구 로켓은 그루트의 말을 100% 이해하고 대답하거나 다른 사람에게 통역한다. 그러나 나중에는 다른 친구들도 점점 그의 말을 알아듣게 된다. 그루트가 우주선을 제시간에 몰고 와서 다른 대원들을 쳐다보며 "아임 그루트"라고 하면, 네뷸라가 "그래 너 멋져"라고 대답하는 식이다. 나중에 들어온 가모라와 퀼이 싸우자 그는 또 "아임 그루트"라고 말하고, 가모라는 "네가 그루트인거 다 알아!"라며 화를 내지만, 퀼은 "그래 화물칸에 가 있어도 돼"라고 대답한다. 그러던 가모라도 나중에는 그루트가 쭈뼛쭈뼛 다가와 "아임 그루트"라고 하자, "나도 너와 함께라서 좋았어"라고 대답하는 경지가 된다.

감독은 영화에 몰입한 관객들도 나중에는 그루트의 말을 이해하게 된다는 메시지를 준다. 영화 말미에 그루트가 "너희 모두를 사랑해(I love you, guys)."라는 말을 하는데, 이것은 그가 실제로는 "아임 그루트"라고 말했지만 그루트를 이해하고 사랑하는 관객이 그렇게 알아듣는다는 형식이기 때문이다.

이처럼 오랜 시간을 진실한 친구로 지내고 대상을 사랑하게 되면 표면적인 대화 아래 깔린 상대의 진짜 의미를 이해할 수 있게 된다는 감독의 메시지가 뭉클하다.

살다 보면 "나는 괜찮아"가 괜찮지 않다는 의미일 수도 있고 "안 와도 된다"라는 말이 빨리 왔으면 좋겠다는 뜻일 수도 있는 것을 안다. 물론 잘 알지도 못하는 사이에서는 이런 추측이 지나친 예단일 것이지만, 오랜 친구나 가족이라면 말을 떼기도 전에 진심을 알 수 있는 경우가 많다.

그래서 말을 하지 않아도 나를 알아주어서 살맛 나게 해 주었던 친구들을 위해, 나도 친구들이 괜찮다고 해도 달려가서 친구의 기쁨과 슬픔을 함께 나누며 그들을 살맛 나게 해 주고 싶다. 서로의 마음을 알아주는 친구가 없다면 인생을 무슨 재미로 살겠는가.

세상에 친구들이 아직 남아 있을 때, 열심히 거문고 연주를 들려주고 그들의 연주도 들으려 한다.

마음의 한 줄
내가 한마디 말을 하면 열 마디를 알아듣는 친구가 있다면 그 인생은 성공이다.

나도 야수에게 반했다
서재, 도서관, 서점

가끔 바람이 쐬고 싶을 때 파주에 가서 출판단지에 있는 '지혜의 숲'을 찾는다.

실제로 종이의 재료가 나무이기도 하니 숲이라는 이름을 참 잘 지은 것 같다. 높은 층고의 벽면을 가득 채우는 서고의 사이를 천천히 걸으면서 숨을 쉬면, 많은 책의 지식이 피톤치드처럼 내 안에 들어오는 기분이 든다. 숲에서 들려오는 시간과 공간을 초월한 수많은 저자들의 목소리에 압도되어 숙연해지기도 한다.

서울에서는 근처에 갈 일이 있으면 코엑스에 있는 별마당 도서관도 꼭 들르는 장소이다. 그저 상업 시설일 뻔했던 공간의 격을 높여서 많은 시민에게 선물한 감사한 공간이다. 비싼 땅을 무상으로 제공한 것 같지만, 아마도 덕분에 사업적으로도 이익을 보게 되어서 서로에게 좋은 일이 아닐까 생각한다.

애니메이션 〈미녀와 야수〉 중 야수의 서재

내가 이렇게 책으로 둘러싸인 공간에 매혹되기 시작한 것은 디즈니 〈미녀와 야수〉 속 야수의 서재를 본 이후가 아닌가 한다. 아버지를 구하기 위해 야수의 성으로 들어간 벨은 처음에는 야수의 야성을 이해할 수도, 사랑할 수도 없었다. 그러나 도망가는 벨이 늑대에게 공격당하고 야수는 그녀를 구하기 위해 싸우다가 다치게 된다. 미안해진 미녀는 침대 옆에 앉아서 그를 간호하게 된다. 그때 벨이 셰익스피어의 문장의 앞부분을 말하자 야수가 문장의 뒷부분을 완성하고, 그녀는 깜짝 놀란다.

벨이 책을 좋아한다는 것을 알게 된 야수는 벨을 자신의 서재로 데려간다. 서재의 천장까지 꽉 찬 어마어마한 서고를 보고 그녀는 그를 다시 보게 된다. 그 책들을 다 읽었냐는 질문에 그는 외국어책도 있으니 다 보지는 않았다고 대답하고, 그녀는 야수의 지성을 다시 보게 된다. 동화의 주제는 미녀가 야수 안의 보이지 않는 아름다움을 알아보게 되어 사랑하게 되었다는 것이지만, 그 결정적인 계기는 야수가 서재의 그 많은 책을 읽은 것을 미녀가 알고부터이다.

그때 미녀만 서재를 보고 반한 것이 아니라 나도 그 서재를 보고 반했다. 나도 그런 공간을 가 보고(가지고) 싶었다. 바꾸어 말하면 나도 야수를 사랑한다.

동유럽 여행에서 본 멜크 수도원에 있는 도서관의 모습이 야수의 서재와 비슷하다고 느꼈다.

가까운 곳에서는 수원의 스타필드 안의 별마당 도서관에서도 야수의 서재를 떠올릴 수 있다.

수원 스타필드 '별마당 도서관'

책을 쉽게 읽을 수 있는 공간은 지역 도서관이다. 편한 복장으로 걸어가서 책으로 둘러싸인 공간에 앉아 책을 꺼내서 읽을 수 있는 도서관은 정말이지 천국이다. 요즘은 지역마다 도서관이 잘 만들어져 있고 누구나 그곳에서 몇 시간 동안 행복을 누릴 수 있다.

내가 사는 아파트 단지 안에도 주민 자원봉사자들의 노력으로 운영되는 작은 도서관이 있다. 거기서 책도 빌려주고 토론도 하고 문화 프로그램도 운영한다. 책을 좋아하는 사람들이어서 그런지 모두 지적이고 순수하다. 책으로 둘러싸인 아담한 공간에서 수다가 아닌 진솔한 대화를 나눈다.

그러나 나는 책을 물리적으로도 좋아한다. 책을 만지고 넘기며 중요한 구절에 밑줄을 치고 메모를 하는 것을 좋아한다. 좋아하는 책은 여러 번 읽고 그때마다 다른 색으로 줄을 친다. 내 방의 책장에 꽂아두고 언제고 꺼내 볼 수 있는 게 좋다. 도서관에서 꺼내거나 대여한 책은 그런 행위를 할 수가 없다. 대여 기간을 지켜야 하고, 밑줄을 치는 대신 노트와 포스트잇에 쓴 메모로 대신해야 하니 무언가 미진하다. 정말 좋아하는 책은 결국 사서 줄을 쳐 가며 봐야 직성이 풀린다.

그래서 찾게 되는 또 다른 장소가 서점이다. 대형서점에서는 눈치 보지 않고 책을 훑어볼 수 있다. 거기서 관심이 있는 책을 꺼내서 읽다가, 다 읽었더라도 마음에 들면 사서 들고 나온다. 하지만 어떤 책은 마음먹고 갔는데 막상 훑어보니 굳이 사고 싶지 않은 책도 있다. 이런 시행착오는 온라인 서점에서는 있을 수 없는 일이다. 그래서 인터넷 서점에서 산 책

중 실패한 책들도 많다. 할인율이 낮더라도 오프라인 서점에서 특별한 책 냄새를 맡으며 책을 실제로 훑어보고 사기를 권한다. 서점들이 수지를 맞추지 못해 망한다는 이야기가 들려온다. 이렇게 서점이 없어진 거리를 상상하면 너무 슬프다.

이렇다 보니 딱히 물욕이 많지 않지만, 책 욕심은 많아서 책을 많이 산 편이다. 언젠가 남편이 책을 좋아하는 나에게 어디 갈 때도 가볍고 좋을 것 같다며 전자책 리더를 선물로 사 준 적이 있었지만 영 내 스타일은 아니었다. 내 취향은 책을 다 보고 다시 빠른 속도로 훑어보는 것인데 전자책은 그렇게 휙 넘길 수가 없었다. 종이를 만지며 펜으로 줄을 치고 싶어 죽을 지경이었다. 결국 그 기기는 남편에게 미안하지만 사용하지 못하고 어딘가 처박아 놓았다.

불과 한 세기 전만 해도 아무나 책을 가지지 못했었다. 귀족들이나 수제품으로 만든 멋진 양장본을 소장했었다. 이제는 보통 사람들도 글을 읽을 수 있고 쉽게 책을 살 수 있는 좋은 세상이어서 다행이다. 책이 실내장식이 아니라면 어떤 책이 책장에 있는가가 그 사람을 설명해 준다고 생각한다. 친구가 될 수 있는지, 결혼할 수 있는지를 상대방의 책장을 본 뒤 결정하라고 하고 싶다. 미녀도 야수의 책장을 보고 사랑에 빠지고 결혼해서 행복하게 살았으니 말이다.

마음의 한 줄

책장에 어떤 책이 꽂혀 있는가를 보면 그 사람이 어떤 인물인지를 알 수 있다.

영화는 내가 사는 멀티버스다
내 세계를 확장하는 것들

나는 21세기 대한민국에서 사는 여성이다.
현대에 태어나 한국에서 받은 교육과, 가족과 친구가 많은 부분에 영향을 미쳤다.
그러나 나의 시공간은 지극히 제한되어 있다. 공간적인 확장은 여행을 통해 어느 정도 이루어졌다고 볼 수 있고, 시간적인 제약은 역사 공부를 통해 확장되었지만, 그 정도는 지극히 제한적이고 실제적으로 큰 영향을 주지는 않았다. 여행은 그저 관광객으로 구경했을 뿐이고, 역사는 나에게 그저 사례에 불과했기 때문이다. 여기에다 좋아하는 친구들의 세계가 내 한계를 넓게 만들어 주었다고 하지만 친한 친구가 아주 많지는 않다.

범위를 넓힐 수 있는 가장 쉽고 좋은 방법은 독서이다.
언젠가 정세랑 작가가 티브이 프로그램에 나와서 책을 읽으면 인생을 여러 번 살 수 있다고 말한 적이 있는데, 그 말에 전적으로 동의한다. 몇 시간만 투자하면 작가가 오랫동안 힘들게 창조한 세계에서 나도 살 수 있다. 어쩌면 작가가 몇 년에서 몇십 년까지 투자해서 만들어 낸 세계를 이렇게 쉽게 맛볼 수 있는 것이 고마움을 넘어서 미안할 지경이다. 그래서 마음에 드는 저자의 책은 밑줄 치는 펜의 색을 다르게 해서 여러 번 보기도 하고 오랜 시간이 지난 후 다시 들쳐 보기도 한다. 또 가능하면 빌리지 않고 구매해서 봄으로써 감사함을 표현하기도 한다(밑줄 치는 습관 때문에 빌려볼 수 없는 이유도 있다).

책의 세상은 다양해서 다른 시대에서 살아 볼 수도 있고, 다른 나라에서 살 수도 있고 심지어는 미래에도 가 볼 수 있다. 다른 사람이 되어 볼 수도 있고, 환경을 진지하게 걱정할 수도 있고, 정의란 무엇인가 고민해 볼 수도 있다.

다음으로 쉽게 세계를 확장하는 방법은 영화를 보는 것이다.
영화가 나온 지도 100년이 넘었으니 좋은 영화들이 아주 많다. 영화는 원작도 중요하지만, 감독의 방향이 중요하다. 그의 지휘 아래 수많은 사람이 영화 제작에 참여한다. 자주는 못 하지만 가끔 쿠키 영상이 재미있다고 하여 엔딩 크레딧까지 보는 경우가 있는데, 그것을 보면 영화 한 편을 만드는데 그렇게 많은 사람이 참여해서 노력한다는 사실에 놀라곤 한다. 그 많은 사람이 그렇게 긴 세월 동안 제작한 작품을 그저 극장에서 혹은 집에서 두 시간 남짓을 보면 된다. 가끔 마음에 들지 않는 영화를 볼 때도 있지만, 그럴 때도 창작자들의 노고는 백 프로 인정한다.

책은 읽는 사람의 상상력을 필요로 하는 반면, 영화는 감독의 상상력에 의존하는 편이다. 그래도 숨겨놓은 의미를 찾는 임무는 관객이 수행해야 한다. 가끔 어떤 것을 특별하게 시각화하는 감독의 상상력과 능력에 감탄하면서 본다. 물론 그 반대도 있기는 하지만.

내가 영화 좋아하는 것을 아는 친구들이 나에게 제일 좋아하는 영화를 물어볼 때가 가끔 있다. 거짓말이 아니고 나에게는 지금 리뷰를 쓰고 있는 영화가 최고다. 재미있게 보고 골라놓았던 영화를 리뷰하기 위해 다시 보고 의미를 생각하며 글을 쓰는 동안은 그 영화가 가장 대단해 보이고 재미있다. 끝나고 현실로 돌아와서 살다가 다른 영화의 리뷰를 시작하면, 변심해서 다른 영화가 또 최고라고 생각한다. 확실한 것은 그 순간에 푹 빠진다는 것이고, 그동안 그 영화의 세계에 들어가서 산다. 그리고 그 영화의 영향으로 생각이 달라져서(부디 성숙한 방향이기를) 현실로 돌아온다.

『천일야화』의 세헤라자데는 죽지 않기 위해 남편인 왕에게 끊임없이 재미있는 이야기를 들려주는데, 이는 마치 망하지 않으려고 죽기 살기로 영화를 만드는 감독의 마음처럼 보인다. 그 이야기를 들어주는 샤리아 왕은 이야기가 재미없으면 가차 없이 아내를 죽여 버리는 사람으로, 그는 재미없는 영화는 망하게 하는 관객들의 대표나 마찬가지이다. 1,001

개의 재미있는 이야기를 듣는 동안, 샤리아 왕은 다른 사람이 되어 있었다. 아내를 진심으로 사랑하게 되고, 그사이에 자식을 셋이나 두게 되었다. 관객들도 좋은 영화를 보면서 성숙한 사람으로 성장하고 인생에서 의미 있는 결실을 맺게 될 것이다.

보통 멀티버스 하면 대표적으로 〈에브리띵, 에브리웨어, 올 앳 원스〉에서처럼 과거에 선택하지 않아서 더는 발전시킬 수 없었던 가지 않은 길처럼 아쉬운 세계나, 〈닥터 스트레인지 2〉에서처럼 현실의 자신이 처한 것과는 다른 환경과 가능성이 있는 세계를 의미하는 경우가 많다.

내게 멀티버스란 때때로 빠져 살면서 내 삶의 경험을 확장 시키는 세계인데, 그것이 바로 영화들이다. 나는 영화에 몰입하여 그 세계에서 살다가, 한층 달라져서 현실로 돌아오고는 한다. 이쯤 되면 영화를 내가 사는 멀티버스라고 이야기할 자격이 있지 않을까?

이처럼 영화는 나를 제한된 경험만을 해야 하는, 한계를 가진 존재에서 초월하게 해 준다.

> **마음의 한 줄**
> 책이나 영화를 통해서, 제한된 인생을 넓히고 자신의 한계를 초월할 수 있다.

5. 한계를 넓히는 여행

나는 박물관에 사유하러 간다
국립 중앙 박물관, '사유의 방'

친구가 귀한 외손주가 태어났다고 기뻐하며 점심 턱을 내었다. 모임 장소를 국립 중앙 박물관 안에 있는 식당으로 잡는 덕분에 오랜만에 박물관 나들이를 했다.

박물관에 갈 때마다 선사시대의 흔적과 유물에 감동하였었다. 우리가 원시인이라고 생각하는 선조들이 암벽에 자신의 흔적을 새긴 것을 보면서, 인간에게는 자신은 사라져도 무언가를 남기고 전하려는 욕구가 잠재되어 있다는 것을 알 수 있었다. 그들이 보내는 신호를 해독하노라면 까마득히 먼 시대와 나의 시간이 연결되는 듯하다.

이번 방문에서는 '사유의 방'이 제일 궁금했다. 전시한 지는 꽤 되었는데 게으른 탓에 아직 보지 못했었다.

명성만큼이나 울림이 묵직하다. 반가사유상 두 작품에 잘 구성된 큰 공간 하나를 내어 줄 이유가 충분했다는 생각이 든다. 보통 들어가자마자 다짜고짜 전시물이 있는 방과는 달리 마음의 준비를 할 수 있는 입구의 통로가 제법 길다. 경건한 마음을 가지려면 준비가 필요하다. 산중에 절이 있는 것은 산을 오르면서 속세의 욕망을 버리라는 의미이다(절의 입구까지 차를 타고 가는 것은 그저 관광일 뿐이다).

어두운 통로의 한쪽에는 비디오 아트 벽이 있고, 무한의 느낌을 주기 위해 두 벽은 평행하지 않게 뒤로 갈수록 살짝 넓어지게 하여 시각적으로는 평행을 유지하도록 만들었다. 그리고 복도를 돌아 들어가면 저 멀리서 우리를 기다리고 있는 두 불상을 만날 수 있다. 살짝 경사가 있는 바닥을 딛고 멀리 있는 불상을 올려 보다가, 다가가서 정면과 측면 후면까지 한 바퀴 돌며 천천히 감상했다.

외국인들까지 감탄한다는 불상의 미소를, 어릴 때는 제대로 알아보지 못했었다. 이제 나이가 들고 심리학 공부도 하고 보니, 내면을 오랫동안 들여다보고 자기를 찾은 인간의 미소가 저렇지 않을까 생각한다. '부처'라는 말의 뜻도 '깨달은 자'라는 것인데 그 경지를 예술품으로 볼 수 있는 행운을 누린다.

잠시나마 이 공간에 들어와 사람이 궁극적으로 도달해야 할 평화로운 마음의 상태를 그려볼 수 있었다. 집에 와서도 내내 그 미소가 머릿속에서 떠나지를 않는다.

시대는 달라져서 과거 박물관의 전시와는 다른 매체가 등장하였다. 여러 부문에 실감 영사관을 만들어 놓았고, 그중 특히 파노라마 실감 영사관에서는 감탄이 나왔다. 우리나라의 디스플레이 기술이 세계에서 제일이라고 하는데, 그것을 코엑스 외벽의 파도 영상이나 미국 타임스퀘어 광장에 있는 빌딩의 폭포 영상에서 확인했고, 강릉까지 가서 유명한 디스플레이 뮤지엄도 체험해 보았다. 하지만 이렇게 가까운 박물관에 줄거리까지 갖춘 훌륭한 콘텐츠가 있는지는 몰랐다. 삼면을 스크린으로 감싼 파노라마 영사관에서 다양한 문화적 주제로 상영하는 작품은 몰입감이 대단했다.

박물관 전시관은 3층이지만 가운데 부분을 비워서 3층 천장까지 뚫린 공간감이 좋았다. 그것을 살려, 높고 예술적인 고려 시대 유물인 경천사지 석탑을 세워놓았다. 실내에서 탑을 관찰하게 되니 낯설어 보여서 자세히 들여다보았는데, 세월이 많이 지나 마모되기는 했지만 하나하나에 세밀한 조각이 있었다.

유럽에 가서 보면 기독교 예술이 많아서 구약의 성경 이야기나 예수의 생애를 소재로 벽화나 조각의 소재로 삼는다. 우리나라 예술에서 탑은 형상에만 집중한 것이 많았는데 이렇게 불교의 이야기를 자세히 조각한 탑이 있다는 것을 이번에 알았다. 이것도 조각을 확대하고 해설한 것을 영상으로 제작해서 상영한다고 한다.

마지막으로 이번에 다시 발견하고 감동하였던 작품은 조선의 백자 달항아리였다.

알랭 드 보통도 그의 책 『영혼의 미술관』에서 조선의 달항아리 백자에 대해 그 안에 담고 있는 '겸손함'에 대해 길게 묘사한 적이 있었다. 한국 사람은 백자가 우리 것이라 박물관에서 직접 볼 수 있다. 고려의 청자나 조선의 채색되고 치장된 도자기와는 달리, 달항아리 백자는 그저 둥글고 심지어는 완벽하지 않은 타원 모양에 약간의 얼룩까지 있다. 달항아리는 사람들에게 특별하여지려고 기를 쓰면서 자신을 꾸미는 대신, 치장하지 말고 자신의 결함까지 드러내는 겸손한 인간이 되라는 무언의 메시지를 준다. 소박함에서 오는 이런 묵직한 감동은 오랜만이다.

과거와는 다른 전시 방법으로 눈 내리는 밤에 눈꽃이 핀 나무를 배경으로 항아리를 닮은 둥근 달이 떠오르는 동영상이 마치 창밖 풍경처럼 배경으로 받쳐주며 달항아리의 아름다움을 더해 주었다.

종교가 없는 나에게 박물관은 내성과 사유의 공간이다. 성당 건축과 사찰의 공간에서 느끼는 경건함과 기도하고 싶은 마음을 박물관에서도 느낀다. 신자들은 동의하지 않겠지만, 나에게 종교시설이나 미술관이나 박물관은 사유와 기도를 부른다는 점에서 모두 같게 느껴진다. 다 인간의 마음을 표현하려고 만든 것이니 그럴 수도 있지 않은가. 그래서 전시만 하는 공간이 아니라 사유할 수 있는 공간을 만들려는 박물관의 노력이 참 좋게 느껴진다.

마음의 한 줄

국립 중앙 박물관 사유의 방에 있는 반가사유상의 미소에서 '자기를 깨달은 자'의 의미를 직관적으로 이해할 수 있다.

뮤지엄 '산'에서
나의 한계를 넓히다
안도 타다오와 제임스 터렐의 공간과 빛

자연과 건축과 예술이 어우러지는 공간에 가는 것은 참 멋진 일이다. 원주에 있는 뮤지엄 '산'은 이런 기준에 딱 들어맞는 곳이다. 예전에 처음 방문했을 때도 감탄하면서 감상했었고, 이번에 친구들과 함께 갔을 때도 여전히 좋았다.

안도 타다오의 건축은 노출 콘크리트로 만들어져 자연과 잘 어우러지고, 빛이 들어오는 방식이 신비하기도 하고, 항상 물과 함께 하는 특징이 있다. 또한 건물을 드러내는 방식이, 바로 보이지 않고 긴 회랑을 거쳐 돌아서 들어가야 보이는 경우가 많다. 마치 사찰이 큰길에서는 안 보이는 산속에 있어서 힘들여서 올라가며 속세의 잡념을 떨치고 일주문을 통과해야 마침내 정화된 마음으로 대웅전에 도달하는 것과 마찬가지이다.

마음속을 탐험하는 것과도 그렇다. 긴 명상을 통해야 무의식에 다다를 수 있고 중심에 있는 자기를 발견할 수 있다. 그의 건축물 속에서 느끼는 경건함은 사람이 건축을 만들었지만, 건축도 사람에게 영향을 준다는 것을 새삼 느끼게 해 주었다.

뮤지엄을 감상하는 경로는 실외의 플라워가든, 조각 정원, 워터가든을 거쳐 건물에 들어가서 건축 자체와 그 안의 작품들을 감상하고, 다시 밖에 나가서 스톤가든을 돌고 제임스 터렐관과 명상관을 거치는 종합적인 과정이다.

이번 방문 중 나에게는 가장 좋았던 장소는 예전에는 없었던 '빛의 공간'이다. 그가 만든 일본의 '빛의 교회'의 사진을 보고 꼭 한번 가 보고 싶다고 생각했었는데 그것과 비슷한 느낌의 명상 공간을 2023년에 조각 공원 안에 만들었다. 완만한 경사의 긴 복도를 따라 내려가서 돌아서면 네모난 작은 방이 하나 나타나는데, 천장에 십자가 모양의 슬릿이 뚫려 있어서 십자가 빛이 들어온다. 빛의 교회의 경우는 벽에 십자가 모양의 창을 만들고, 작가의 뜻과는 달리 유리를 끼웠다고 한다. 그러나 빛의 공간에는 건축가의 뜻대로 유리가 없이 뚫린 천창이다. 비 오는 날에 가면 십자가 비를 맞을 수 있다.

신이 은총을 빛의 형태로 줄 때, 예수를 의미하는 십자가를 통해 지상으로 보낸다고 표현하는 듯하다. 나도 십자가 아래 서서 그 빛을 실컷 받았다.

뮤지엄 '산', 빛의 공간

스톤 가든은 경주의 대릉원 고분의 느낌을 준다. 마치 돌무덤 사이를 거니는 것 같다. 경주에서 어머니 젖무덤 같은 고분 사이를 걸으며 마음이 편안해진 적이 많았었다.

이곳에도 예전에는 없던 '명상관'이 생겼고 체험 프로그램도 생겼다. 돌무덤 안에 넓은 공간을 만들고 긴 슬릿 형태의 천창을 내서 빛을 들였다. 허브향을 맡으며 싱잉 볼 연주를 들으며 눈을 감고 누워 있었는데, 마치 미래의 죽음을 체험하는 것 같았다. 나도 언젠가는 땅보다 낮은 곳에 한 줄기 빛이 새어 들어오는 공간에 영원히 잠들 것이다.

다음은 제임스 터렐관이다.

모든 예술가가 빛을 이용하기도 하고 표현하기도 한다. 그러나 제임스 터렐은 빛 자체를 느끼게 해 주는 예술가다. 특정한 공간 속에서 빛을 받으면 자신이 낯설게 느껴지고 차원을 이동하는 듯한 경험을 하게 된다. 산 모양의 계단을 올라가서 문으로 나가는 사람의 뒷모습을 보면 마치 그 사람이 다른 세상으로 건너가는 것 같다. 2차원에서 3차원으로, 또는 지구에서 우주로 나가는 듯해서 또 다른 세상이 저 밖에 존재한다고 느끼게 한다. 영화 〈트루먼 쇼〉의 마지막 장면에서 트루먼이 꾸며진 세트의 세계에서 실제 세계로 나갈 때의 모습과 흡사하다.

'Ganzfeld'라는 방의 체험은 신비롭다.

이 용어는 독일의 심리학자 볼프강 메츠거가 48시간 동안 피실험자를 암흑에 가두고 관찰하니 그들이 끝없는 환각을 본다는 것을 알게 되면서 주창한 개념이다. 인간은 시각 자극을 받지 못하면 거짓 신호를 만들어 무자극 상태를 빠져나가려고 시도한다고 한다. 이런 상태가 오래되면 현실과 환각을 구분하지 못하는 비정상 상태가 되지만, 짧은 시간이라면 무의식 깊은 곳의 지혜를 끌어올릴 기회가 되고 영적인 신비체험을 할 수도 있다.

이 방은 원래의 심리실험에서처럼 암흑상태는 아니고, LED 빛을 통해 관람자들이 빛의 안개 속에서 헤매는 경험을 제공한다. 작은 공간이 한계가 없는 공간으로 착각되고, 뚫린 문이 마치 막혀 있는 스크린으로 착각되고, 쏘는 빛의 색이 달라지면 뚫린 공간의 색이 보색으로 변한다. 절대적 진실은 없는 것으로 느껴지고 저세상의 감각이 생긴다.
해설자가 벽인 줄 알았던 공간으로 쑥 들어갈 때는 마치 영화 화면이나 그림 속으로 사람이 들어가는 것 같아서 충격을 준다. 저승으로 갈 때 무게를 벗은 사람의 영혼이 다른 세계로 들어가는 듯하다.

'Wedgework'라는 작품을 감상하는 방으로 들어가는 복도는 절대 암흑이다. 도시인들은 빛을 완벽하게 차단당한 경험이 별로 없다. 잠잘 때도 침실에 작은 불빛이 있는 환경이 대부분이어서 완벽한 어둠을 경험하는 것이 특별하다. 그러다가 방에 들어가면 희미한 빛이 느껴지는데 마치 내방에 불은 꺼지고 살짝 열린 문틈으로 빛이 희미하게 새어 들어오는 느낌을 받는다. 작가가 어릴 때 혼자 어두운 방에서 무서울 때 밖에서 빛이 새어 들어와서 안도했던 경험이 있었다고 한다. 어른인 나에게는 꽉 막힌 마음에 한 줄기 희망을 의미하는 빛으로 느껴졌다. 나올 때 보니 암흑의 복도는 생각보다 짧았다. 들어갈 때는 길고 끝이 없던 암흑이 나올 때는 짧게 느껴졌던 것도 인상적이었다.

볼거리가 많은 뮤지엄은 많다. 그러나 성찰과 명상까지 할 수 있는 박물관은 많지 않다.
주변의 자연과 건축과 전시물을 천천히 둘러보며 빛 속에서 치원을 넘나드는 경험을 할 수 있는 뮤지엄 '산' 같은 공간에 가면 좁은 경험의 세계를 확장할 수 있다.

> **마음의 한 줄**
> 자신이 경험할 수 있는 자연과 차원의 한계를 예술가들의 건축과 작품을 통해 확장할 수 있다.

'세미원'으로 들어가는
세 갈래 길
내가 선택한 유일한 인생

주중에는 열심히 운동과 집안일을 한다. 운동은 나이가 들면서 건강하게 지내기 위해 최우선 순위로 놓고 하고 있고, 집안일은 주부로서 가족들 먹을 음식을 만들고 빨래를 해야 집안이 돌아가니 빼놓을 수 없는 일이다.

그 외에 주말에는 남편과 나들이를 하려고 노력한다. 아무리 많은 시간을 집에서 얼굴을 마주 보고 사는 부부라 할지라도 집에서 제대로 된 대화를 하기는 쉽지 않다. 같이 운동하는 시간에도 각자 운동하느라, 집에서도 밀린 집안일을 서로 하느라, 좋아하는 영화나 콘텐츠를 따로 보느라, 집에서 필요한 말 이외에 밀도 있는 대화를 하는 경우는 드물다.

그러나 어디를 함께 가느라 차를 같이 타면 대화를 하기에 최적의 분위기가 조성된다. 최소한 한두 시간은 운전해서 가는 경우가 많으니 작은 상자 안에 장시간 둘만 앉아 있게 된다. 집안 이야기를 하는 경우도 많고, 함께 본 영화 이야기를 할 때도 있고, 세상사에 대한 견해를 서로 나누기도 한다. 그래서 우리는 함께 아이를 낳고 키우며 사는 인생 파트너이기도 하지만, 함께 이야기한 시간이 가장 긴 친구이기도 하다.

최근에 간 곳은 양평 두물머리 근처에 있는 '세미원'이었다. 이곳은 연꽃이 만발한 연못들이 있는 정원이다. '마음을 씻고, 마음을 아름답게 하는 정원'이라는 뜻이다. 언제 가도 아름답지만, 기왕이면 연꽃이 피었을 때 가는 것이 좋다. 아차 하는 사이에 연꽃 피는 시기를 놓치기 때문에 정신을 차려보지만 만발한 시기를 맞추기가 쉽지 않다. 이번에도 여름이 지나가는 것을 느끼고 얼른 갔는데 역시 꽃은 별로 남지 않고 연잎만이 무성했었다.

꽃이 아름다운 이유는 발화시기가 길지 않기 때문이다. 제때를 맞으면 마음껏 아름다움을 발산하는 꽃을 보며 인생에서도 꽃피는 시기가 있다고 생각한다. 정작 그때는 자신이 꽃이었다는 생각도 못 할 때가 많지만 지나고 나서 돌아보면 그때가 자신이 꽃이었던 순간이었음을 깨닫는다. 그래서 유독 나이 든 사람들이 뒤늦게 꽃구경을 많이 다니는 것이 아닌가 한다. 사람들은 인생 절정의 시기를 꽃에서 추억한다.

세미원에 들어가면 정원 입구에 '불이문'이 있다. 그 문을 통과하면 정원이 펼쳐진다. 불이문의 뜻은 '둘이 아니다'라는 것인데, '진리는 하나'라는 불교적인 의미라고 한다. 보통 사람들은 진실과 거짓, 아름다움과 추함, 진리와 속세처럼 이분법으로 모든 것을 나누지만, 그것들이 둘이 아닌 하나라는 의미이다. 세미원에도 불이문 밖에는 현실 세계가 있고 안에는 연꽃이 핀 아름다운 정원이 있지만, 그 둘은 하나이다.

불이문을 통과하면 눈앞에 세 갈래의 길이 펼쳐진다.
하나는 맑은 물이 흐르는 시내 위에 이어진 징검다리 길이고, 옆에는 메타세쿼이아 나무들이 줄지어 있는 곳에 난 좁고 울퉁불퉁한 오솔길이고, 그 옆에는 넓고 평평한 흙길이 있다.
여러 번 갔으니 어떤 때는 징검다리를 건너서 갔고, 이번에는 나무 사이에 난 오솔길을 선택했다. 돌아올 때는 일부러 넓은 길로 걸어서 나왔다.
다른 사람들을 관찰하니 그분들도 취향껏 이 길 저 길을 골라서 걷는 것을 볼 수 있었다.
여러 번 간다면 이 길과 저 길을 다 걸어볼 수 있겠지만, 만약 인생처럼 한 번만 가볼 수 있는 곳이라면 어떤 길을 선택할 것인가를 생각해 보았다. 또 규모가 작은 정원이니 불편해도 징검다리나 오솔길을 선택하겠지만, 인생처럼 긴 시간을 꾸준히 가야 한다면 선택의 기준이 달라질 수도 있겠다는 생각이 들었다.

50년 지기 친구를 오랜만에 만났다. 외국에서 자리를 잡고 사는 친구라 오랫동안 보지 못했지만 마치 어제 본 듯 친숙했다. 수줍어하는 듯 싱그러운 젊은 미소를 여전히 가지고 있는 친구를 보니 너무 반가웠다.
우리가 대학에 다니고 사회에 진입할 시기에 모두가 편안하고 익숙한 길을 고를 때, 그 친구는 끝이 보이지도 않는 모험이 가득한 꼬불꼬불한 오솔길을 선택했다. 유학이 흔하지 않던 시절, 미국도 아닌 유럽 쪽으로 용감하게 유학을 떠났다. 낯선 땅에서의 생활이 쉽지만은 않았을 것이다. 붙잡고 하소연할 친구들도 없는 타국에서 고생했겠지만, 그녀는 잘 이겨 냈고 이제는 그곳에서 전문직업을 갖고 결혼하고 정착했다.

여러 갈래로 갈라져서 다른 길을 걷던 친구들이 이제 나이가 들어 한곳에 모였다.

다시 그때로 돌아간다면 모두 똑같은 선택을 다시 할까 생각해 본다. 아마도 같은 선택을 할 것 같다. 니체도 '영원회귀'를 통해 말하지 않았던가. 사람은 골백번 다시 살아도 똑같이 산다고 말이다. 그러니 다른 길을 갔었다면 좋았을 것으로 생각할 필요 없다. 자기가 만든 길이 유일한 길이기 때문이다.

세 갈래 길을 거쳐 합쳐진 지점에서 친구들을 다시 만나, 그들이 걸었던 길 위에서 펼쳐진 이야기들을 들으면서 좁은 내 인생이 확장되는 느낌을 받는다.

그러나 나도, 그들도, 자신들이 선택한 길이 유일하고 제일 좋다.

마음의 한 줄
자기가 만든 모든 길은 옳은 길이다. 또 유일한 길이다.

성 슈테판 대성당의
카타콤 투어
메멘토 모리

비엔나의 랜드마크인 성 슈테판 성당은 비엔나시 한복판 번화가에 있다. 명품을 파는 화려한 거리에 있는 성당이 엉뚱해 보이기도 하지만 따지고 보면 성당은 수백 년간 존재했고 아주 나중에 상업적인 거리가 생겼으니 성당의 위치에 딴지를 걸 이유는 없다.

그 규모나 건축 양식이 어마어마해서 입이 벌어진다. 원거리 각도를 택하지 않으면 휴대폰 카메라 한 컷에 담기지도 않을 크기이다. 한 바퀴 둘러보는 것도 부담이 될 정도로 규모가 컸다. 다른 성당에 비해 특별한 것은 지붕이 아름다운 모자이크 타일로 덮여있다는 점이다. 또 탑이 두 개인데, 이는 시간을 두고 계속 증축했기 때문이다.

다른 성당은 입장할 때부터 돈을 받는데 비해, 이곳은 본당의 내부를 모든 사람에게 개방해서 보여 주고 있다. 고딕 양식답게 천장이 높고 화려하다. 중세 사람들이 자신들이 사는 열악한 환경에서 벗어나 성당에 들어오면, 웅장하고 멋있는 건물에서 신에게 경외감도 느끼고 천국의 모양은 이렇다고 상상했을 것이다. 공간이 인간의 마음에 미치는 영향을 새삼 깨닫는다.

성당의 탑에 올라가거나 지하 카타콤을 구경하려면 비용을 내야 한다. 두 탑 중 하나는 나선형 계단을 323개 걸어 올라가야 하고, 나머지 하나는 엘리베이터를 이용할 수 있다. 중세의 맛을 보려면 계단을 올라가는 것도 나쁘지 않다. 또 이곳이 더 높아서 내려다보는 범위가 더 넓기도 하다. 이번에는 계단을 선택해서 올라갔고 멋진 지붕의 모자이크 타일과 비엔나 시내를 파노라마로 둘러보았다. 컨디션에 따라 엘리베이터를 타도 괜찮을 것 같다.

성당 지하의 카타콤 투어는 가이드를 따라 정해진 시간에만 가능하다. 관람객은 다양한 연령층과 여러 나라의 사람들이 섞여 있었고 초등학생, 중학생 정도로 보이는 청소년들도 있었다. 입구에서 멀지 않은 지하에 피에타 조각이 있었고 그곳에서 작은 미사도 집전한다고 한다.
카타콤이란 원래 지하 통로를 의미하고 과거에 그곳에 사람들이 유해를 많이 두었다. 파리의 카타콤 규모는 길을 잃을 정도로 어마어마하다고 들었다.
성당의 카타콤은 보통 성직자나 왕족의 유해를 보관하는 곳이었다. 신의 성전에 묻히면 천국에 갈 것으로 생각한 부자들도 묻혔다. 이곳도 추기경들이나 주교들이나 왕족들의 관이 있는 장소가 있었고 어떤 방에는 장기만을 적출해서 항아리에 따로 보관하는 방도 있었다. 그들은 부활할 것으로 믿고 그때 장기를 쓰려고 이렇게 했다고 한다.
나중에는 페스트로 많은 사람이 죽게 되어 묘지가 모자라서 평민들도 한꺼번에 여기에 넣었다고 한다. 엉망이 된 카타콤을 정비하여 지금처럼 만들었고 사람들에게 공개하게 되었다. 관람객이 지나가는 통로는 잘 정비되어 있지만 어둡고 으스스한 분위기는 어쩔 수가 없다. 공개된 방은 철창이 있는 창을 통해 안을 들여다볼 수 있었다. 사람이 누워 있는 모습 그대로 유골이 된 채 방치된 방도 있고, 같은 뼈들을 모아 쌓은 창고 같은 방도 있었다. 해골만 있다든가, 정강이뼈만 쌓여 있다든가 했다. 사진 찍기는 금지되었는데 고인들을 모욕하면 안 되니 그것이 맞는다고 생각한다.

폐허나 무덤 같은 곳을 여행하는 것을 '다크투어'라고 한다. 좋고 예쁜 구경을 놔두고 이런 곳을 보는 이유는 무엇일까.
요즘 우리나라는 특히 죽음을 외면하는 분위기가 아닌가 한다. 아이들에게도 죽음에 대해 동화적으로 얼버무리는 경우가 많다. 유럽에서는 어린 자녀들도 데려와서 카타콤의 모습을 보여 준다. 이런 아이들은 죽음에 대해 제대로 알고, 멀기는 하지만 언젠가는 자신들도 죽을 것이라는 생각을 하며 살 것이다.
할슈타트 근처의 길겐 마을을 둘러볼 때도 너무 예쁜 장소가 있어서 들어가 봤더니 마을 묘지였다. 동네에서 살던 사람들이 죽은 후 묻힌 곳이다. 작은 공간을 차지한 묘비 앞마다 싱싱한 예쁜 꽃들이 놓여있었다. 묘비에는 짧은 글들이 있는데 당사자를 삶을 압축할 수 있는 내용으로 추측된다. 우리나라의 산소나 봉안당은 멀리 있어서 가려면 제대로 마음을 먹고 가야 하고 도시에 이런 시설은 기피 장소로 여겨서 설립을 반대하는데, 이곳은 동네 한가운데 만들어 놓고 돌아가신 분 생각이 날 때 꽃다발을 들고 금방 방문할 수 있다.

과거 이탈리아의 폼페이 유적을 보러 갔을 때도 한순간에 파묻혔다가 발굴된 유적들을 보면서 영원히 살 것처럼 생각하지 말자고 다짐하고 왔었다. 그 옛날에 폼페이 사람들은 문명을 누리며 살다가 어느 날 화산 폭발로 죽었다. 유적을 발굴할 때 여러 유물이 나왔으나 이상하게 사람들의 유해는 발견되지 않았었다. 나중에 속이 비어 있는 많은 구멍 안에 석고를 부었을 때 사람들이 죽은 자세 그대로 석고상이 만들어졌다. 이것은 폼페이 시민들이 순식간에 죽었고, 금방 화산재로 덮였고, 시간이 지나면서 유기 성분은 분해되어 공간이 생겼다는 의미이다.

자연재해나 사고로 죽으면 더 허망하기는 하지만, 화산 폭발로 죽든 늙어 죽든, 인간은 결국 다 죽는다는 사실을 깨달을 수 있다. 이렇게 '메멘토 모리'를 느끼고 오는 것이 다크투어의 소득이다.

회화 중에서도 '바니타스 정물'이라는 사조가 있는데, 정물화에 예쁜 꽃이나 멋진 물건만 두는 것이 아니라 해골 같은 **뼈**를 함께 그려서 인생에 포함된 죽음을 깨우치게 했다.

장엄하고 멋있는 랜드마크 성당의 아래에는 수많은 성직자와 시민의 유해가 묻혀 있다. 그것을 잊고 땅 위의 멋진 건축만을 보는 것은 반쪽만 보는 것이다. 인생의 생과 사 중에 반쪽만을 보는 것과 같다.

그러나 '메멘토 모리'를 아는 사람과, 영원히 살 것처럼 사는 사람의 인생의 질은 다를 것이다.

마음의 한 줄

화려한 성당의 아래에는 유해들이 안장된 카타콤이 있다. 삶의 뒤에는 죽음이 있다는 것을 잊지 말아야 한다.

벨베데르 미술관의 「키스」
키스를 그린 화가들

비엔나에 있는 벨베데르 궁전(미술관)에 갔다. 중앙에 있는 접견실도 화려하고 천장의 프레스코화도 멋있었지만, 이곳은 클림트의 그림이 전시되어서 유명한 곳이다. 요즘은 복제의 시대라서 많은 사람이 클림트의 그림 「키스」를 다양한 방식으로 본 적이 있을 것이다. 나도 책에서 그 그림을 보았고, 고전 미술이나 인상파나 현대 추상화와도 다른 그의 그림이 개성 있어서 좋아했었다.

그러나 다 알고 있다고 생각하고 만난 그의 작품 앞에서 탄성이 나왔다. 루브르의 「모나리자」는 예상보다 작았던 반면, 「키스」는 생각보다 사이즈가 커서 압도되었다. 또 실제 인물들이 앞에 있다는 생각이 들 만큼 인물의 표정이 극적이었다. 황금색도 복제 이미지로 볼 때보다 훨씬 화려하고 아름다웠다. 복제품이나 디지털 이미지가 아무리 발달해도 원작의 아우라를 구현하지 못한다는 말의 의미를 비로소 이해했다. 다른 그림은

다 다른 나라로 대여해도 이 작품은 한 번도 비엔나를 떠난 적이 없다고 한다. 그만큼 오스트리아가 이 작품에 대해 가진 자부심이 대단하다. 이렇게 훌륭한 작품이 보고 싶으면 직접 오라는 것이다.

클림트의「키스」

재벌이나 돈이 많은 벼락부자들이 유명한 그림부터 사들이는 것을 보고 문화까지 독점하는 데 비위가 상해서, 복제품이나 생활용품에 유명한 화가가 그린 그림의 이미지를 사용하는 것에 대해 긍정적으로 생각한다. 스페인 피카소 미술관 기념품 점에서도 쿠션기비와 에코백에 그의 그림이 올라와 있었고, 우리 집 컴퓨터 테이블 마우스패드에도 뭉크의 그림이, 머그잔에도 고흐의 그림이 전사되어 있다. 마우스를 클릭할 때마다, 커피를 마실 때마다 볼 수 있으니 참 좋다. 이번 여행에서는 클림트의 「키스」가 그려진 에코백과 양산도 사 왔다.

그러나 누구나 가끔은 미술관에 가서 화가가 그린 진짜 그림을 보면 좋겠다. 복제품이나 체험형 비디오 아트 말고, 우리나라 예술의 전당이나 국립 미술관에서 기획한 실물 전시를 감상하면서 예술가의 정신을 원작으로 만나는 것은 특별한 경험이다. 해외여행에도 그 나라에서 유명한 미술관을 방문해서 진품의 아우라를 느껴보는 것은 잊지 못할 시간이 된다.

클림트의 그림 속 연인들이 키스할 때 엑스터시를 느끼며 꽃밭 위에서 금 비를 맞는 것 같은 황홀한 느낌도 들지만, 한편 저세상이나 신화 속 세상을 보는 것 같은 생각도 든다. 그래서 어떤 평론가들이 이 그림이 오르페우스와 에우리디케의 이야기를 표현한 것이라고 말한 데 동의한다. 신들은 오르페우스가 저승에서 아내 에우리디케를 데리고 나올 때 절대 뒤를 돌아보지 말라고 당부한다. 신들의 말을 어기고 오르페우스가 뒤를 돌아본 순간, 아내는 다시 저승으로 돌아가야만 한다. 영원한 이별을 앞둔 부부는 마지막 포옹과 키스를 한다. 그래서 그림 속 여성의 얼굴은 이별을 앞두고 슬퍼 보이기도 하고, 그래도 남편이 자기를 구하려 저승까지 와주어서 행복하기도 하다. 그녀는 현실의 남자와는 달리 옷도 몸도 속이 비치는, 견고한 실체를 가지지 못한 비현실적 존재로 보인다. 남자가 견고하게 땅에 발을 딛은 것과는 달리 여성은 절벽 가장자리 끝도 없는 허공에 맞닿아 있다. 키스가 끝난 후 여자는 거품처럼 꺼지며 절벽 아래로 사라질 것이다.

뭉크의 「키스」　　　　　　　　뭉크의 「뱀파이어」

개인적으로 좋아해서, 우리나라에서 전시할 때마다 가서 보는 뭉크의 그림 「키스」도 아주 인상적이다. 그는 현실에서 처음으로 사랑했던 여인과의 키스를 여러 번 그렸는데, 그와 여인 얼굴의 경계가 없어질 만큼 그는 키스에 몰입하였고 그녀와 하나가 되었다.

그러나 그녀에게 완전히 빠진 순진한 뭉크와는 달리, 그녀는 뭉크를 가지고 놀았고 상처를 주었다고 한다. 뭉크는 실연한 후 「뱀파이어」라는 작품을 그렸는데 이것도 키스를 표현했지만 둘은 도저히 사랑하는 사람 사이라고 느껴지지 않는다. 여자는 마치 남자의 사랑을 빨아먹는 흡혈귀같이 묘사되었다. 「키스」에서는 상대방을 사랑해도 자아의 경계를 유지해야 한다는 의미가 읽히고, 「뱀파이어」에서는 서로가 동등한 파트너여야지 진정한 사랑을 할 수 있다는 메시지를 보낸 것으로 보인다.

다음으로 르네 마그리트의 「연인들」이라는 작품도 키스를 그렸다. 그의 그림들은 철학적인 해석이 가능한 흥미로운 작품들이 많지만, 이 작품도 여러 해석이 가능하다. 그들이 뒤집어쓴 흰 천과 그들이 입은 정장으로 보았을 때 그들은 절대 옷을 벗을 수 없는 사람들로 보인다.
심리학적으로 보았을 때 그들은 페르소나가 너무 단단한 사람들이다. 둘 다 상대방의 마음에는 절대로 다다를 수 없는 독립적인 존재이다. 이런 것도 사랑이라고 할 수 있나 하는 생각도 들고, 한편으로는 요즘 시대의 조건을 전제로 하는 사랑이나 결혼과도 비슷해 보인다. 뭉크의 키스가 자신의 경계도 없이 뭉개져 버려서 문제라면, 르네의 인물들은 애초에 다른 사람과의 접촉이 불가능한 사람들로 보인다.

가장 따뜻하고 미소가 지어지는 화가는 샤갈이다. 「생일」이라는 그림에서, 샤갈은 자신의 생일에 아내가 꽃을 선물할 때, 그녀가 너무 사랑스러워서 키스한다. 그때 그의 발은 지상에 있지 않다. 그는 마치 하늘을 날고 있는 기분이다. 그는 다른 많은 작품에서도 둘이 하늘을 날고 있는 장면을 많이 그렸다.

수많은 화가가 키스를 각자의 방법으로 표현했다. 이 그림들을 보면서 사랑에 대해 다시 생각하는 기회를 가져 본다.

사진이나 영상 이미지와는 달리, 그림은 화가가 오랫동안 상대를 바라보고 그려야 결실을 얻을 수 있다. 그래서 그런지 그림들 속 키스는, 영화 속에서 다음의 야한 장면으로 넘어가는 중간 행위라기보다는, 가장 아름다운 순간에 멈춘 영원한 사랑의 정수로 느껴진다.

마음의 한 줄

그림 속 키스는 가장 아름다운 순간에 멈춘 영원한 사랑의 정수이다.

한옥에 살고 싶다
공주 한옥마을

초등학교 들어가기 전, 아주 어렸을 때는 한옥에 살았었다. 안방, 마루 건너 건넌방, 마당 건너 사랑방, 대문 입구의 문간방 구조의 그 당시 전형적인 주택 구조였다. 물론 지금 보면 작은 집이겠지만, 어린 나에게는 큰 공간으로 여겨졌었다. 오빠들이 있는 사랑방에 갈 때도, 부엌에 갈 때도 신발을 신어야 했다.
어린 나를 위해 부모님은 마루 대들보에 긴 천으로 그네를 매어 주셨다. 가벼운 나만 탈 수 있는 전용 그네였다. 어른들이 밀어주면 마루를 가로질러 안방에서 건넌방까지 그네를 타고 날아다녔다. 작은 마당에는 강아지도 키웠고 수돗가도 있었고 장독대도 있었다.

그러다가 양옥 구조의 주택으로 이사했을 때 좋아했던 기억이 난다. 그리고 20대가 되었을 때는 아파트로 이사를 했다. 현대식 구조와 깨끗한 화장실과 따뜻한 물을 언제든 쓸 수 있어서 엄청 편리했다. 이후로는 내내 아파트에 살았다. 아파트는 점점 첨단 시설을 갖추었고 점점 높아졌다. 사람들은 전망이 좋다며 높은 층을 로열층이라고 선호하게 되었지만 나는 고소공포증이 있다. 높은 층 창가에서 내려다보는 지표면은 현기증을 일으킨다.

그래서 절충한 결과, 지금 사는 집은 저층으로 설계한 아파트의 3층이다. 창에서 내다보면 땅과 화단이 어지럽지 않게 보이고 새시를 설치하지 않은 작은 베란다에 가끔 나가서 밖을 내다보거나 비가 떨어지는 소리를 즐길 수 있어서 만족한다.

어릴 때는 양옥과 아파트로 이사 가는 것을 바랐었는데, 나이가 든 이제는 나지막한 한옥이 너무도 그리우니 참으로 아이러니이다.

요즘은 좋은 한옥에서 사는 것이 돈이 꽤 드는 일이다. 교통도 좋은 지점에 한옥을 짓는 것은 엄두도 낼 수 없으니, 할 수 있는 일은 여행 가서 숙박을 한옥에서 하는 것이다. 그것도 꿈만 꾸었는데, 내 생일이 되어 나를 위해 무엇을 할까 생각하다가 한옥에서 하룻밤 묵기로 마음먹었다. 북촌이나 서촌을 검색해 보니 생각보다 비싸고 예약도 꽉 차 있는 경우가 많았다. 전주 한옥마을이 생각났지만 1박 여행으로는 좀 멀다는 생각이 들었다. 그러다가 공주 부여 쪽에 여행 갔을 때 한옥마을을 본 게 기억나서 사이트에 접속해 보니 다행히 그날 비어 있는 집이 있었다.

한옥은 나를 실망하게 만들지 않았다.

2~3인용이라 규모는 작았지만, 안방과 대청과 건넌방 구조에 작은 마당과 낮은 담장에 대문까지 갖춘 완전히 사생활을 보장하는 독채 구조였다. 문마다 전통 창살과 창호지를 발라 운치가 있었고 밖으로 난 창은 미닫이와 여닫이로 된 이중 구조의 창문이 있었다.

대청에는 마당 쪽은 전면이 개방되는 큰 문이 있었고, 반대편은 바닥에 앉으면 밖이 내다보이는 낮고 긴 창이 있었다. 두 문을 다 열어놓으면 맞바람이 칠 수 있는 구조이다. 대청에 앉아 있으면 바람길 중간에 있는 셈이니 밖은 더운 날씨인데도 아주 시원했다.

대청과 대문은 빗겨서 위치해서 우리가 마루에 앉아 있는 것을 대문 밖의 사람들이 들여다볼 수 없는 구조이다. 담장은 알맞게 낮아서 골목을 지나는 사람이 안을 들여다볼 수는 없으나 안에서 밖을 내다볼 때 맞은편 집의 멋진 기와지붕을 감상할 수 있는 정도였다. 담장과 가깝게 심은 나이 많은 수양버들이 대나무 발처럼 외부와 차단 역할도 하고, 바람이 불 때마다 긴 가지가 휘날리는 낭만적인 장면을 연출했다. 한옥의 백미는 차경이라고 했다. 이곳에서 밖을 바라보니 경치까지 포함하여 집이 완성된다고 하는 것이 어떤 의미인지 이해가 되었다. 높은 천정의 서까래가 보이는 대청에서 양쪽 문을 개방하고 바람길에 마주 앉아 남편과 한잔하며 잠시 옛날 양반이 된 듯한 느낌을 맛보았다.

무엇보다 한옥에서 내가 가장 좋아하는 부분은 마당이다. 아파트는 아무리 넓어도 거실과 방들이 독립적일 수가 없다. 한옥은 작아도 신을 신고 마당을 가로질러서 가는 사랑방이 심리적으로 저 멀리 떨어진 공간이다. 또한 손바닥만 한 작은 마당이라도 땅을 밟고 하늘을 바라보는 일은 특별하다. 유럽의 골목 여행에서 늘어선 멋진 건물들이 잘라 낸 긴 하늘을 바라보는 경험처럼, 한옥의 지붕이 둘러싸며 조각낸 쪽 하늘을 바라보는 것은 너무도 아름다운 일이다.

이 땅에서 오랫동안 살아온 선조들의 지혜로 우리에게 알맞게 만들어진 한옥이 좋은 이유는 셀 수 없이 많다. 인구문제나 경제적 한계로 모두가 한옥에 살며 즐길 수는 없지만, 가끔 한옥에 머무르면 우리 안의 한옥 세포가 살아나는 신기한 경험을 할 수 있다. 나도 어릴 때 이외에는 살지 않았는데도, 오랜만에 머물렀던 한옥에서 어릴 때 살던 집의 기억이 머릿속에 환하게 펼쳐졌으니 말이다.

삶이 피곤할 때마다 나지막한 돌담이 둘러싸고 기와지붕을 얹은 한옥의 기억을 꺼내면, 언제고 잠시 따뜻한 위안을 받고 다시 힘을 낼 수 있을 것 같다.

> **마음의 한 줄**
> 한국 사람의 거주 유전자에는 한옥이 들어 있다. 가끔 기와지붕에 마당이 있는 한옥에 가면 마음이 저절로 편안해진다.

6. 독서는 나의 힘

"안 하고 싶습니다."

책 『필경사 바틀비』 by 허먼 멜빌

어른이 되면 하기 싫은 일을 해야 하는 경우가 다반사이다. 특히 급여를 받는 회사의 일이나, 여성의 경우 제사나 명절 등 전통적인 의무는 자신이 선택해서 할 수 있는 성격의 일들이 아니다. 그럴 때 멜빌의 『필경사 바틀비』 속의 유명한 대사, "안 하고 싶습니다(안 하는 편을 택하겠습니다)."가 목구멍까지 나올 때가 많다.
그러니 일단 다른 사람이 아무리 등 떠밀고 강요해도 그렇게 하고 싶지 않다고 말할 수 있는 바틀비가 너무 멋있어 보인다.

그러나 때로는 고용주인 변호사나 그의 동료 필경사들 쪽에서 보면, 바틀비 같은 사람과 같이 일하면 자기들만 덤터기를 쓸 테니 짜증 나겠다는 생각도 든다.
나도 어떤 일을 안 하는 쪽을 선택하지 못한 이유가, 같은 일을 나누어서 하는 사람들이 내 몫까지 덤터기 쓰는 것을 견디지 못했기 때문이었다. 내가 빠진다고 해도 일이 없어지는 것은 아니니, 다른 사람들이 내가 했던 일까지 맡아 이전보다 일을 더 많이 하게 될 것이다. 결국 어떤 일에 대한 적극적인 선호가 아닌, 부수적인 미안함과 인간관계 유지 때문에 안 하겠다는 선택을 못 했었다.

이렇게 표면적으로 적용한 예 이외에도, 이 책은 읽을수록 여러 층위의 의미가 보인다.
하고 싶은 일과 하기 싫은 일을 알고 선택해서 하거나 하지 않을 수 있는 사람은 자유인이다. 때로는 여유가 있어도 아무 생각이 없이 주어진 일을 하는 사람도 있지만, 대부분은 경제적인 여유와 자유가 없는 사회적 약자들이 억지로 등 떠밀려서 하기 싫은 일을 하게 된다. 그래서 평론가들은 바틀비가 소외된 현대인의 표상이라고 한다.

바틀비는 필경사가 되기 전 우체국에서 받을 사람이 죽어서 더는 배달할 수 없는 편지들을 담당했었고 그 편지들을 확인하고 모아서 태우는 일을 했다. 그 편지에는 용서한다는 말이 들어 있지만, 그것을 받을 사람은 이미 절망하면서 죽어 버렸고, 헌금이 들어 있지만, 그 돈이 구제할 사람은 이제 먹을 수도 없는 몸이 되어 버렸다. 살리려고 쓴 편지들이 죽음에 도착한 깃이다.
바틀비처럼 외롭고 절망에 빠지기 쉬운 사람이 그런 일을 하면서 자신의 절망을 더 깊게 만들었다. 그곳에서 해고된 후 필경사가 된 바틀비는 처음에는 밤을 새워 미친 듯이 필사를 하지만 얼마 후부터 필사본 검토를 거부하고, 심부름도 거절하고, 변호사를 떠나는 것도 거부하고, 결국 그의 업무인 필사도 안 하는 쪽을 선택한다.
견디지 못한 일인칭 화자인 변호사가 자신이 사무실을 이사해 버려도 그는 거기를 떠나지 않기로 선택하고 그 사무실에서 버틴다. 새로운 주인의 신고로 경찰에게 끌려 감옥에 들어가서는, 먹지 않는 쪽을 택하고 결국 죽는다.

그를 고용한 변호사는 이상하게도 바틀비에게 모질게 하지 못하고 바틀비가 신성한 섭리의 목적에 의해 자신에게 할당되었다고까지 생각한다. 그의 임무는 바틀비가 머물렀으면 하는 기간만큼 그에게 공간을 제공하는 것이라고까지 생각한다. 바틀비도 변호사와 함께 있고 싶어 하지만 결국 견디지 못한 변호사는 그를 떨쳐낼 궁리를 하게 되고, 결국 그를 떠난 바틀비는 먹지 않는 쪽을 택하고 세상을 뜬다.

심리학적으로 분석해 볼 때 바틀비는 세속적인 변호사 내면의 깨끗하고 존엄한 가치를 의미한다. 보통 사회적 페르소나에 충실한 사람의 그림자 하면 어두운 이미지를 생각하기 쉽지만, 적당히 때 묻은 사람의 그림자는 오히려 단정하고 기품있고 존엄한 이미지일 수 있다. 그는 돈이 되는 일을 많이 맡아 적당히 타협하고 처리하는 변호사이지만, 내면에는 자유롭고 고독하고 깨끗하게 살고 싶은 마음이 들어 있다. 변호사의 내면의 목소리는 그가 하는 일이 의미 없고 지루하고 피곤한 작업이라고 말한다. 그가 인간답게 살려면 이런 일을 하지 않는 쪽을 선택해야 한다고 말한다.

그런데 어른이 먹고살려면 그러면 안 된다. 마음이 불편하지만, 그는 이런 내면의 갈등을 없애버려야 한다. 그것이 페르소나의 할 일이다. 페르소나는 그림자의 말을 듣는 것이 괴로워서 그것을 없애 버리려고 하지만, 그 존재는 변호사의 마음에서 사라지지 않는다.

바틀비는 그가 과거에 담당했던 배달 불능 편지 속의 메시지처럼, 수취인에게 삶을 선물하러 온 존재이다. 다행히 그는 수취인들이 죽기 전에 그들에게 도착하여 그들을 살린다. 그들에게는 아직 깨끗한 불씨가 조금은 남아 있었다. 아무 생각 없이 일하던 변호사와 동료 필경사들도 바틀비와 만난 이후부터는 어떤 것을 좋아서 택한다는 패턴의 언어를 쓰게 되며, 이는 그들이 이제는 어떤 행위를 하기 전에 그런 생각을 하고 살게 되었다는 의미이다. 바틀비가 그들의 마음 안에 영원히 존재하게 되었고 진정한 의미에서 그들을 살렸다는 뜻이다.

바틀비를 비롯한 모든 인간에게 하고 싶은 것을 할 자유가 항상 보장되지는 않지만, 하고 싶지 않은 것을 하지 않을 자유는 언제나 있다. 그가 여전히 창백하고 형형한 눈빛으로 사람들에게 말한다.

"I would prefer not to~"

"아, 바틀비여! 아, 인간이여!"

> **마음의 한 줄**
> 인간에게 하고 싶은 것을 할 자유가 항상 보장되지는 않지만, 하고 싶지 않은 것을 하지 않을 자유는 언제나 있다.

이 많은 쓰레기는 다 어디로 가는 것일까?
책 『물건 이야기』 by 애니 레너드

아파트 같은 층 이웃이 새로 이사 오면서, 대대적인 리노베이션을 시작했다.

입주한 지 십여 년이 지났으니 새로 이사하는 사람이 들어올 때마다 공사를 하는데 공교롭게도 재작년에는 아랫집, 작년에는 윗집, 올해는 옆집이 공사를 한다. 규모에 따라 다르지만, 매번 거의 한 달 반 정도를 소음에 시달린다. 특히 시끄러운 철거 작업을 할 때는 집을 나가는 게 상책이다. 그때는 친구와 일부러 약속을 잡기도 하고 카페에 가기도 하며 밖에서 시간을 보낸다.

그러다가 저녁때쯤 집에 들어올 때, 출입문 근처에 세워져 있는 트럭에 쌓인 어마어마한 철거 잔해물을 본다. 노후 아파트로 이사 올 때 모두 집을 수리하는데, 그 많은 철거 쓰레기들은 다 어디로 갈까 하는 의문이 생겼다.

집들이에 초대되어서 가 보면 최신 가전제품들이 색을 맞추어 빌트인 형태로 들어가 있다. 첨단 기능에다 디자인도 예뻐서 우리 집의 우중충한 가전제품을 다 갈아엎고 싶을 때가 많다. 그러나 이때도 한편으로는 폐기된 덩치 큰 가전제품들은 다 어디로 갈까 하는 의문을 가지며 마음을 다잡는다. 우리 집의 고장 난 식기 세척기나 호흡기에 안 좋다는 가스레인지를 바꾸고 싶었지만 만일 이사 간다면 새로 이사 오는 사람들이 과연 새 제품이라고 해서 이것들을 그대로 쓸까 하는 생각이 들어서 결국 바꾸는 것을 포기했다. 식기 세척기 대신 손 설거지를 하고, 가스레인지를 이 집에 살 때까지는 그냥 쓰기로 결정했다. 냉장고는 고장이 나서 할 수 없이 바꿨는데, 이사하더라도 가져가려고 빌트인 제품이 아닌 단독 제품으로 교체했다(물론 수납장의 깊이에 맞지 않아서 앞으로 돌출되어 예쁘지는 않다).

얼마 전에는 전기밥솥의 내 솥에 스크래치가 많아서 내 솥만 새로 주문했지만, 밥솥의 압력이 약하고 김이 새는 것 같아서 전체를 들고 서비스 센터에 가지고 갔다. 뚜껑 잠금장치와 고무 패킹을 교환해 달라고 했다. 직원은 뚜껑 열 장치도 문제가 있는 것으로 보이니 고치는 데 드는 비용을 고려하면 새것으로 구매하는 게 나을 거라고 계속 설득하였다. 새로 산 내 솥만 아니었다면 나도 그의 충고대로 버리고 새로 샀을 것이다. 그러나 내 솥의 비용도 꽤 들었고 해서 그냥 간단한 수리만 하고 가져왔는데 현재 밥도 잘되고 멀쩡하게 잘 쓰고 있다. 요즘은 고치려고 서비스 센터에 가져가면 기존 고객 할인 조건을 제시하며 새 제품을 권유하는 경우가 대부분이다. 또 소비자가 환경을 생각해서 번거로움을 무릅쓰며 수리하려고 해도 부품이 없는 경우가 많다.

환경학자이자 환경운동가인 애니 레너드도 집집마다 버리는 쓰레기가 다 어디로 갈까 하는 의문을 품고 쓰레기 수거 차를 끝까지 따라가서 거대한 '쓰레기 산'을 목격하게 되었다. 이때 충격을 받고, 질끈 눈 감아버리는 보통 사람들과는 달리 그녀는 그 문제를 끝까지 물고 늘어지며 책까지 써서 지구인에게 경종을 울리는 훌륭한 환경운동가가 되었다.
이 책은 우리가 흔히 보는 물건들이 만들어지는 과정을 추적하여 알려주고, 왜 물건을 의식 없이 사고 쓰고 버리는 것이 나쁜가를 깨닫게 해준다.

귀금속의 대명사 금은 '더티 골드'라고 불렸는데 이유는 금반지 하나당 20톤의 유독한 광산 폐기물을 만들 뿐 아니라 초기에 금을 추출할 때 쓰인 수은이 근처 하천으로 유입되어 막대한 피해를 줬기 때문이다.
다이아몬드가 '블러드 다이아몬드'로 불리는 이유도 산지인 시에라리온에서 내전 때 군대를 유지하기 위해 시민을 납치하여 광산에 투입하여 얻은 피의 산물이기 때문이다.
휴대폰과 게임기 등에 쓰이는 광물 콜탄은, 콩고의 어린이들이 죽어 가면서 채취한 광물이다. 선진국 아이들이 게임을 하는 동안 콩고 어린이들은 탄광에 끌려가서 일하다가 죽는다.

수수한 패션의 대명사인 면 티셔츠와 청바지도 목화를 키울 때 주는 물과 화학비료와 살충제, 표백제 등을 생각해야 하고 그 후에도 방직, 방적, 마무리 과정을 포함하면 티셔츠 하나당 2.3kg의 이산화탄소를 생성한다. 소비자들은 싼 티셔츠 가격만 보고 쉽게 사고 버리지만, 그것은 환경 비용을 빼고, 제 3세계 노동자들의 희생으로 후려친 가격이다. 그러니 싸다고 사서 막 입고 버리고 또 사는 것은 옳지 않은 일이다.

이런 문제의 일차적인 해법은 의식적인 소비이다. 후진국에서 노동 착취 하지 않았다는 증거가 있는 물건들, 생산 경로를 투명하게 밝힐 수 있는 물건들만 산다는 각오이다.

그러나 더 중요한 것은 '덜 만들고 덜 쓰는 것'이다. 아무리 자본주의 경제학자들이 이상한 논법으로 "소비가 미덕"이라고 설득하더라도 지구를 위해 후손을 위해 덜 쓰고 자원을 남겨야 한다. 기왕 산 물건들은 내구성이 있는 것으로 구입하고 고장 나면 쉽게 고칠 수 있는 시스템을 만들어야 한다. 에코백이나 텀블러를 사용하는 것을 자랑스러워하지만, 그것들을 만드는 데도 역시 에너지를 많이 사용하니까, 수십 번 이상 써야 친환경이라고 할 수 있다. 유행하는 디자인이나 색깔별로 여러 개의 에코백을 사놓고 몇 번 쓰지 않는다면 오히려 환경에 나쁠 수도 있다.

인생에서 물건이 아니라 퀄리티 타임이 중요하다는 시각을 가져야 한다.

이웃이나 친구와 저녁을 함께 먹으며 즐겁게 이야기할 수 있다면 누가 쓸데없는 물건들에 둘러싸여 대형 티브이나 시청하겠는가?

광고에서 물건을 사면 소비자가 멋져질 거라고 유혹했을 때 "과연 이 물건이 자원을 추출하고 생산하는 데 필요한 노력과, 그것을 위해 내가 일해야 하는 시간을 바칠 만큼 가치가 있는가?"라고 질문해 보고 대답할 수 있어야 한다.

NOPE!(Not on Planet Earth!)

> **마음의 한 줄**
> 지구의 위기에 우리도 일조한 것을 반성한다. 꼭 필요한 물건들만 쓰고 쓰레기를 적게 만드는 지혜를 구해야 한다.

세상을 틀에
완벽하게 넣고 싶은 유혹
책 『물고기는 존재하지 않는다』 by 룰루 밀러

이 책은 기본적으로는 진화론이나 분류학이나 분기학 같은 과학에 관한 저술이면서, 저자의 솔직한 고백이 들어 있는 인생 회고록이기도 하고, 데이비드 스타 조던이란 과학자의 전기이기도 하다. 또 누가 제인 스탠포드를 죽였는지 밝히는 미스터리 소설 같기도 하고, 우생학에 대해 이야기할 때는 도덕이나 철학을 다루기도 한다.
여러 분야를 통섭할 수 있는 좌충우돌 작가의 재능에 감탄하면서 시간 가는 줄 모르고 재미있게 읽을 수 있고 읽은 후 감동까지 따라온다.

이 책의 저자인 룰루 밀러는 과학 전문 기자로, 자신의 실수로 연인이 떠나가자 그가 다시 돌아올 것이라는 확신을 갖고 기다린다. 기다리는 긴 시간을 버티기 위해, 고난에도 불구하고 자신의 신념을 포기하지 않았던 롤 모델을 찾기 시작한다. 그래서 찾은 인물이 바로 데이비드 스타 조던이란 분류학자이다. 그는 어릴 때부터 대단한 집중력으로 모든 것을 범주화하려는 성향을 지닌 사람이었다. 어릴 때는 수년 간 별을 보며 별자리를 탐구해서 모든 별자리를 섭렵했고, 자신의 동네의 자세한 지도를 만들었고, 그다음은 주위의 모든 꽃을 따서 책상에 늘어놓고 규칙에 따라 분류했었다. 학자가 된 뒤에는 북미의 담수 물고기를 잡아서 명명하는 작업을 수행했다. 이 모든 일을 지치지도 않고, 온갖 사고와 가정의 비극이 생겨도 포기하거나 절망하지 않고 곧바로 회복하고 다시 뛰어드는 놀라운 끈기와 열정을 보여 주었다.

그에게 푹 빠진 저자는 학문적 업적 이외의 인간적인 자료까지 모조리 찾아 인물에 대해 알아보기 시작한다.

조던은 자신의 스승인 루이 아가시의 영향으로 모든 학문이란 신의 생각을 번역하는 작업이고, 분류 결과 생물의 꼭대기는 인간이 위치하는 완벽한 사다리의 구조로 되어 있다고 믿게 되었다. 그는 결국 생물에는 등급이 있다고 믿게 되고, 인간도 마찬가지라고 여겨서 나중에는 열등한 인간은 자손을 퍼트리면 안 된다는 우생학을 지지하고 퍼트리는 사람이 된다.

또한 초대 스탠퍼드 대학의 학장이 되었을 때 창립자인 제인 스탠포드와 사이가 좋지 않았다. 그녀가 그를 쫓아내려고 하던 시점에 그녀가 독살되는 사건이 일어난다. 주위의 의사들은 그녀가 독살되있다고 했시만 데이비드는 그녀가 과식으로 자연사했다고 계속 주장하였다. 그 시기에는 조던의 학문적 권위가 커서 제인의 죽음의 원인은 묵살되었다. 그러나 저자는 그의 책에서 그가 물고기를 잡을 때 흔히 쓰던 독극물(스크리크닌)이 그녀의 검시 때 검출되었던 약품과 같다는 것을 알아낸다. 이것은 그가 그녀를 독살했을 가능성이 매우 크다는 것을 말해 준다.

게다가, 현대의 분기 학자들은 '어류'라는 범주가 '포유류'같이 과학적으로 인정할 수 있는 범주가 아니라는 것으로 받아들인다. 같은 범주가 되려면 같은 조상에서 비롯되어야 하지만 어류는 그렇지 못했다. 결국 데이비드는 있지도 않은 어류의 이름을 밝히는 데 평생을 쓴 것이 되었다.

저자인 룰루 밀러는 자신의 구세주를 찾으려고 시작한 긴 여정에서 데이비드라는 과학자의 자기기만을 발견하게 된다. 조던은 어떤 비극에도 비관하지 않는 특유의 낙천성으로 많은 일을 했지만, 우생학이란 잘못된 틀로 인간의 '적합도'를 자의적으로 판단해서 많은 사람을 희생시켰고, 자신의 걸림돌이 되는 사람을 해쳤다. 또 연구 과정에서 수많은 물고기를 해부하면서 어류라는 범주의 오류를 알았을 텐데도 그저 네이밍만을 계속해서 유명해진 것이다.

이때 그녀를 일으켜 세운 사람은 과학자였던 그녀의 아버지였다. 아버지는 세상의 확실한 법칙은 엔트로피 법칙밖에 없다며, 이 세상에는 진리도 신도 없고 혼돈만이 우리의 지배자라고 이야기했었다. 그는 어린 딸에게 그녀가 특별히 중요한 존재는 아니라며, 그러니 자신이 좋아하는 대로 대범하게 살라고 말했다.

위대한 과학자 다윈도 마찬가지로 진화에 방향이나 법칙은 없고, 종들 사이에 경계선은 없다고 했었다. 즉 분류학자들이 만든 분류단계는 인간의 자의적 발명일 뿐이라는 것이다. 다윈은 인간에게 자연에 간섭하지 말라고 강하게 경고했다.

긴 여정 끝에, 저자는 날림으로 만든 범주를 고수하는 것은 자기기만이라는 것을 깨닫는다. 마찬가지로 그녀는 자신의 전 남자친구는 반드시 돌아온다는 믿음은 자신의 희망일 뿐, 꼭 이루어질 일은 아니라는 것을 깨닫는다. 그는 돌아오지 않을 것이다. 그녀는 이제 자의적인 범주 너머를 보고 싶은 마음이 생겼다. 사랑의 대상은 반드시 이성이어야 한다는 기준은 사람들이 그어놓은 것일 뿐이라고 생각하게 되었다. 이후 그녀는 자신의 양성애적 정체성을 인정하고 여성을 만나서 사랑하고 결혼하고 행복해진다.

세상의 모든 학문은 틀을 만들어 그것을 통해 모든 것을 설명하는 행위이다.
과학자들은 자연현상을 설명하기 위해 이론을 만든다. 그러나 과학사가 증명하듯, 이론이 완벽하지 않은 경우가 대부분이다. 현상을 더 잘 설명하는 새로운 이론이 나오면 새 틀로 다른 해석을 한다. 이런 과정을 『과학 혁명의 구조』에서 도머스 군이 '패러다임'이라는 개념으로 잘 보여 주었었다. 우리가 해 온 공부라는 것이 다 이런 틀을 학습하는 과정이어서 교육을 많이 받은 사람일수록 어떤 것이 명쾌하게 해석되지 않으면 마음이 불편하다.
그러나 이론이 뒤집힐 때마다, 이론이나 틀은 사람이 설명하기 편하자고 만든 것일 뿐 진리는 아니라는 생각이 든다.
놀랍게도 우리가 당연히 받아들였던 동물의 분류 중 '어류'라는 범주는 지금까지 우리가 그저 외양만 보고 나눈 것에 불과한 것이었다. 유명한 분기 학자인 캐럴 계숙 윤은 그녀의 저서 『자연에 이름 붙이기』에서 동물은 겉모습과 상관없이 근본적인 유사점으로 분류하는 것이 맞다고 말한다. 이론이나 기준은 인간이 자연 위에 그린 자의적인 디자인일 뿐이어서 우리는 그 너머를 보아야 한다는 것이다.

솔직히 저자가 비판하는 분류학자 데이비드 조던에게 나와 비슷한 점이 있어서 뜨끔했다. 체계를 정하고 그 틀대로 관심 있는 것들을 정리하는 게 내 취미이기 때문이다. 학문을 공부하는 사람들은 대부분 혼란 그 자체인 자연에서 질서를 발견하고 의미를 해석하고 싶은 마음을 가지고 있는 사람들이다. 조던은 그가 자신이 물고기를 찾아서 이름을 정해 주지 않으면 그것은 존재하지 않는다고 생각했다는데, 자신을 신처럼 생각하는 그가 극단적이기는 하지만 학문을 하는 사람들은 다 어느 정도 그러한 성향을 가지고 있는 경우가 많다고 생각한다. 그러나 유명하고 영향력 있는 사람들의 틀이 잘 못 되었거나 너무 경직되었을 경우, 개인적인 수준에서 그치지 않고 사회 전체에 위험한 결과를 가져온다는 것이 문제다.

좋은 과학자란 이론이나 틀이 없어도 세상은 여전히 존재하고, 틀은 사람들이 자의적으로 정한 도구라는 한계를 인정할 수 있는 유연한 사람이다. 생화학자인 저자의 아버지가 우리는 곧 사라질 거라며 그녀가 개미보다 더 중요할 이유가 없다고 말하는 것도 그러니 대충 살라는 뜻이 아니라, 세상에는 정해진 당위가 없기 때문에 어떤 원칙을 따라갈 필요 없이 대범하게 즐겁게 살라는 의미이다.

저자는 어른이 되어서야 아빠의 말을 이해하고 자신의 책을 아빠에게 헌정한다.

마음의 한 줄

학문의 기본이 되는 '틀'은 유용하지만 인간이 그린 자의적인 그림일 뿐이다. 세상에는 틀을 벗어나는 일도 아주 많다.

음식 대신 먹는 알약이 있다면?
책 『행복한 밥상』 by 마이클 폴란

코비드에 두 번 걸렸었다.

호흡기 질환답게 여러 증상이 있었지만, 제일 힘들었던 것은 냄새를 맡지 못하고 맛을 못 느끼게 된 것이었다. 증상은 꽤 오랫동안 지속되었고 그때 식사가 정말 고역이었다. 그저 기운 떨어지지 않게 먹었을 뿐이고, 맛은 없고 배만 불러서 기분이 나빴었다.

나는 맛있는 음식을 좋아하고 식탐도 많은 사람이다. 그래서 간혹 티브이 프로그램에서 식사는 조금하고 영양제는 많이 먹는 사람들을 볼 때 이해가 잘 안 간다. 어린 왕자에 나왔던, 목이 마를 때 갈증을 없애 주는 알약으로 해결하겠다는 사람이 연상된다. 물을 먹는 시간을 아껴서 많은 일을 할 수 있을 거라는 말을 듣고, 어린 왕자는 자기라면 그 시간에 천천히 우물가로 걸어가서 도르레의 노래를 들으며 두레박으로 물을 길어 올려서 물을 마실 거라고 했었다. 그 아이라면 음식의 경우도 돈 버는 시간을 줄이고 건강한 재료로 요리를 해 먹겠다고 말했을 것 같다. 바빠서 대충 식사를 때우고 일만 해야 하는 삶은 비인간적이다.

요즘은 영양가를 따져서 음식을 먹는 것이 현명하다고 생각하는 사람들이 많지만, 과연 음식을 단지 화학 성분으로 환원할 수 있을지에 대해서는 의문이 든다. 맛있는 음식을 좋아하는 사람들과 나누는 행위는 생물이 에너지를 얻기 위해 무엇을 섭취하는 것 이상의 의미가 있다.

그래서 마이클 폴란이란 작가가 인간의 먹는 행위에 대해 쓴 책, 『행복한 밥상(In Defense of Food)』을 소개하고 싶다.

작가 마이클 폴란을 좋아한다. 그는 자연과 음식과 정원에 대해 아름다운 문체로 글을 쓰는 사람이다. 출중한 재주만으로 만족하지 않고 글감에 대해 수년간 발품을 팔아 조사하고 실제로 경험해서 진실하게 글을 쓰는 사람이어서 더 존경한다.

유행했던 온갖 다이어트 방법 중 반짝하는 유행이 아니라 오랫동안 살아남았던 몇 가지는 지중해식 다이어트, 구석기 다이어트, 황제 다이어트 등등이다. 이것들의 공통점은 무엇일까? 보는 각도에 따라 탄수화물과 단백질의 비율로 볼 수도 있다. 사실 우리나라의 경우 탄수화물을 많이 먹는 편이니까 탄수화물의 비율을 좀 줄이는 것도 도움이 된다.

그러나 다른 각도로 보면 이런 식이 요법들의 공통점은 모두 '신선식품'을 먹는다는 점이다.

사람들의 건강에 적신호가 켜지는 경우는 대부분 가공식품을 많이 먹어서이다. 시간은 없고 에너지는 보충해야 할 때 사람들은 흔히 가공식품과 초가공 식품을 먹게 된다. 그 대가는 대부분 비만과 대사성 질병과 피부질환으로 돌아온다.

과거 원주민들이 건강하게 지내다가 문명사회에 편입된 후에 온갖 건강 문제에 시달린 것만 보아도 가공식품이 좋은 음식이 아닌 것을 금방 알 수 있다. 요즘 밀가루를 먹으면 탈이 나는 사람들도 많은데 과거에는 근처에서 나는 밀을 동네 물레방앗간에서 적당히 깎아서 껍질을 포함해서 먹었었다. 요즘은 다른 나라에서 밀을 수입해야 해서 보관상 유리하게, 썩지 않게 처리하고 완전히 도정한 밀을 먹으니 그것이 원인이라고 생각한다. 그런 의미로 보면 하얀 빵도 가공식품 쪽에 가깝지 않나 생각된다.

단백질을 무조건 많이 먹는 것도 문제가 있다. 과거에는 자연 상태의 동물을 사냥해서 신선한 상태로 먹었지만 현대에는 기업이 동물을 대량으로 사육해서 고기를 얻는다. 대량 사육의 비윤리성은 물론이고, 사료에 항생제를 다량 주입하는 것이 문제다. 결국 그 모든 것들을 마지막에 포식자의 꼭대기인 인간이 섭취한다는 것을 알아야 한다.

따라서 작가는 증조할머니가 보아서 모르는 이름의 재료가 들어간 식품은 좋지 않다고 조언한다. 슈퍼마켓에서 파는 식품의 포장 뒷면에 적혀 있는 알 수 없는 수많은 성분들은 다 대량생산 과정에서 투입한 화학 물질들이다.

마지막으로 제품의 회사들은 자기들의 물건을 팔기 위해 '요리는 불평등

한 노동'이라는 이데올로기를 우리에게 오랫동안 주입했다. 그는 우리도 그런 생각에 물들었다고 주장한다. 특히 여성들에게 요리는 중노동이고 집에서 요리하는 것은 시대에 뒤떨어진 여성이라는 생각을 세뇌시켜서 음식을 사 먹도록 만들었다. 고급 식당에서 좋은 재료를 제대로 요리한 음식만 먹을 수 있는 계층은 얼마 되지 않는다. 결국 중산층 이하의 사람들은 냉동식품을 전자레인지에 요리하는 음식을 많이 먹게 되었고 기업에서는 싸면서도 맛을 유지하기 위해 각종 화학물질을 넣고 있다.

물론 유교 사회처럼 요리하는 사람과 먹는 사람을 완전히 분리해서 한쪽의 희생을 강요하는 것은 여전히 나쁘다. 그러나 가족이나 공동체의 사람들이 요리에 같이 참여한다면, 진짜 음식을 만들고 나누어서 먹는 것은 가장 인간적인 행위이다. 맛있는 음식을 같이 만들어서 가족과 함께 식탁에 둘러앉아 이야기를 나누며 먹는 장면은 인간이 만들어 낸 가장 따뜻한 모습이다.

생각해 보면, 과거의 좋은 기억은 다 맛있는 음식을 나누어 먹었던 밥상과 결부되어 있다는 것을 금방 깨달을 수 있다.

인간만이 재료를 변형시켜서 소화가 잘되게 하거나 맛있게 만들어서 소중한 사람들과 나눈다. 이것은 가장 인간적인 행위이다.

마음의 한 줄

세상에서 제일 아름다운 모습은, 식구들이 식탁에 둘러앉아 정답게 이야기하며 음식을 먹는 장면이다.

'우리'와 '그들'을 나누는 정체성
책 『정체성과 폭력』 by 아마티아 센

과거에 티브이 오락 프로그램에서 '손병호 게임'이라는 것을 재미있게 보았었다.

술자리에서 흔히 벌주를 마시는 사람을 정하는 일종의 손가락 접기 게임인데, 연기자 손병호 씨가 더 재미있게 만들어서 그런 이름이 붙었다고 한다. 다섯 손가락을 펴고 어떤 기준에 속하면 손가락을 하나씩 접는다. 모두 접으면 탈락이다.

최후에 남는 사람이 승자일 수도 패자일 수도 있어서 목적에 따라 기준을 정하면 된다.

"여자(또는 남자)는 접어, 반지 낀 사람은 접어, 결혼한 사람 접어, 빨간 옷 입은 사람 접어." 등등, 기준은 무궁무진하며 유머일 수도 있고 공격일 수도 있다.

이렇게 게임으로만 즐기고 웃고 지나가면 좋지만, 실제 사회에서도 이런 일들은 숱하게 일어난다. 종교가 무엇이냐, 어느 지역 출신이냐, 몇 살이냐, 성별이 뭐냐, 학교는 어디를 나왔냐, 어디에 사냐, 어떤 스포츠를 즐기느냐에 따라 사람들은 수많은 편 가르기를 한다.

역사를 살펴보면 인종이나 종교 때문에 수많은 대량 학살이 자행된 것을 알 수 있고, 사람들이 자신에 대해 느끼는 정체성과 폭력이 밀접한 관계를 맺고 있다는 것을 알 수 있다.

인도 출신의 경제학자 아마티아 센은 영국 케임브리지 대학 학장 시절, 어떤 공항을 통과하다가 그의 외모만 본 공항 직원에게 엄격한 심사를 받으며 그가 교수 신분증을 보여 주자 학장과 어떤 관계인지 설명하라는 요구를 받았다. 그는 자기가 자신과 무슨 관계냐는 이 우습지만 철학적인 질문을 받고 자신의 정체성에 대해 심각하게 생각하기 시작했다.

자신은 남자이고, 인도인이고, 벵골 선조를 가지며, 미국과 영국의 영주권자이고, 경제학자이자 철학자이자 작가이며, 민주주의 신봉자이고, 이성애자이지만 페미니즘과 게이의 권리를 옹호하는 사람이다.

그는 11살 때 아버지와 함께 차를 타고 벵골 폭동 지역을 지나다가 무슬림이며 가난한 실직 노동자인 카데르 미아라는 사람이 길에서 알지도 못하는 힌두인들에게 습격당해 쓰러졌을 때 그를 병원으로 후송해 주었었다. 소년이었던 센은 힌두인들이, 가족의 식량을 벌기 위해 그 지역에 간 무슬림을 처음 본 사람인데도 적으로 규정하고 공격한 이 행위를 이해할 수 없었다. 그 의문을 학자가 되어 풀어낸 책이 『정체성과 폭력』이다.

한 무리의 사람들을 모아놓으면 어떤 기준을 세워 그들을 양분할 수 있다. 이것을 다른 기준으로 다시 실시하면, 같이 있었던 사람들이 다른 편으로 나누어지기도 한다. 다른 지역 사람이어서 다른 편으로 구분되었던 사람이 클래식 음악을 좋아하는 사람으로 우리 편에 서기도 한다. 같은 종교로 한편이었던 사람이 정치적인 견해로 갈라서기도 한다. 같은 내향인도 사고형과 감정형으로 나누어지기도 한다.

이렇게 수많은 기준으로 이쪽저쪽으로 이합집산해 본 사람들은 한 가지 기준만으로 상대방을 적으로 규정하는 것이 얼마나 우스운 일인가를 느끼게 된다.

작은 기준으로 자신의 정체성을 규정한다는 것은 환영일 뿐이다. 이것은 세상을 끔찍하게 만들고 인생을 초라하게 하는 일이다. 모든 사람은 다원적인 정체성을 가지고 있으며 그 어떠한 단일한 기준도 포괄적인 '인간성'을 넘어설 수 없다. 사유할 수 있는 인간으로 태어나 자신의 잠재력을 실현하고 자연이나 환경이 지속할 수 있도록 보호하고 이웃을 사랑하며 살아야 할 인간이, 좁은 정체성을 증명하느라 긍정적인 에너지를 다 써 버린다.

단일한 정체성은 쉽게 선동되고 폭력에 노출된다. 이것은 편 가르기에 동원되고 환원주의로 귀결된다. 외계인이 침입하여 지구인이 모두 같은 편으로 싸우는 경우에나 사람들끼리의 편 가르기는 겨우 끝날지 모른다. 그래서 센은 인간을 단일한 기준으로 축소하려는 시도에 지항하여야 한다고 주장한다.

인간은 단순하지 않으며 다른 점보다는 공통점들이 더 많기 때문이다

오래전에 읽었던 이 책을 다시 꺼내 들고 리뷰를 쓰는 것은 요즘 우리나라의 분열된 상황과 관련이 있다. 사람들이 양편으로 나뉘어 서로를 적으로 규정하고 있다. 자주 만나서 대화를 나누었던 친구들과도 정치 문제로 소원해지기도 했다.

다른 점보다는 공통점이 더 많은 친구를 편 가르기 하는 이 편협한 정체성을 돌아보아야겠다. 모든 것을 정치적인 성향으로 돌리고 서로를 비난하게 만드는 지금의 상태에서 빨리 벗어나고 싶다. 옛날처럼 서로 좋아하는 공통된 이야기를 나누며 살았으면 좋겠다.

> **마음의 한 줄**
>
> 우리는 '인간성'이란 포괄적인 공통점을 가지고 있다. 편협한 정체성으로 편 가르기를 하는 것은 옳지 않다.

쓸모없는 것들의 가치
그림책 『Frederick』 by Leo Lionni

가끔 내가 너무 비현실적이라는 생각에 움츠러들 때가 있다. 남들처럼 끝까지 직장 생활을 하지도 못했고, 야무지게 재테크를 하지도 못했으며, 그렇다고 살림을 잘 한 것 같지도 않다. 과거에 학교에서 집에 돌아올 때 버스를 타고 끝없는 상상을 하다가 내릴 정류장을 놓칠 때도 있었다. 공부하고 싶은 분야도 일자리와는 상관없는 쪽이었다. 학창 시절이나 지금이나 나는 여전히 정신을 다른 데 팔며 멍하니 지내는 쓸모없는 인간일지 모른다는 느낌이 들 때가 있다.

이럴 때 나를 북돋아 주는 고마운 책이 있다.
영어 그림 동화책 『Frederick』이다. 오랜만에 이 책을 다시 뒤져서 꺼냈다. 아이들 어릴 때 영어 동화책을 많이 읽어 준 편이었다. 우리나라에도 훌륭한 그림 동화책이 많지만, 외국 작가들의 책들도 좋은 것들이 아주 많다. 특히 좋은 그림 동화책에 수여하는 칼데콧상을 탄 작품들은 그림과 내용이 너무 좋아서 어른들에게도 감동을 준다. 말이 아이들에게 읽어 준 것이지 솔직히 말하자면, 그때 내가 이런 책들을 더 좋아하며 읽었었다. 내가 어린 시절에는 좋은 동화책 읽을 기회가 많지 않았고, 그때도 책 읽는 것을 좋아했던 나는 책이 없으면 만화책이라도 읽었다. 그래서 나중에 아이들에게 사 준 좋은 동화책에 더 감동했을 수도 있다. 또 좋은 동화책은 나이를 초월한다. 어쩌면 나이가 들어야 완전히 이해할 수 있는 부분도 있다. 아마도 어른들은 아이들이 아직 이해하지 못하는 은유가 보여서 그럴 수도 있겠다.

"들쥐 가족 5마리가 초원에 있는 돌담 속에서 살고 있다. 모두 겨울에 먹을 식량을 비축하느라 정신없이 일하고 있을 때 프레데릭만 반쯤 뜬 눈으로 멍하니 공상에 잠겨있다.
왜 일을 안 하냐는 가족들의 비난에 그는 겨울에는 춥고, 풍경도 칙칙하고, 집안에만 있어서 심심하기 때문에 다른 계절 동안 햇볕과, 색깔들과, 이야기를 모아놓아야 한다고 한다.
겨울이 되자 가족들이 열심히 모아놓은 옥수수알과 견과류와 볏짚은 금세 떨어지고, 초기에는 지난 이야기들을 열심히 하던 가족들의 대화도 끊긴다.
이때 프레데릭이 등장한다.
그는 돌담 높은 곳을 무대 삼아 그들의 눈을 감으라고 하고 여름날 황금

빛 햇살을 떠올리게 한다. 그러자 그들의 몸이 따뜻해지는 마법이 일어난다.
다시 눈을 감으라 하고 프레데릭이 색을 이야기하니, 여름날의 푸른색 잎을 가진 나무와, 노란 밀밭 속의 새빨간 양귀비꽃과, 베리 나무의 녹색 잎이 그들의 머릿속에 그림처럼 선명하게 떠오른다.
프레데릭은 이야기 속에서 네 마리의 가족들에게 하나씩 계절의 성격을 부여한다.
봄 쥐는 비를 내리게 하고, 여름 쥐는 꽃들에게 화려한 색을 입히고, 가을 쥐는 곡식과 호두를 만들고, 겨울 쥐는 발을 시리지 않게 만든다고 한다. 그들 네 마리가 모두 하늘에 살면서 사계절 동안 눈과 비와 네 잎 클로버와 햇빛과 달빛을 만든다고 한다.

배고프고 춥고 심심하던 들쥐 가족들은 프레데릭의 이야기를 듣고 행복해하며 그를 시인이라고 칭송한다.
프레데릭은 수줍어하며 자신이 시인임을 인정한다."

세상은 성실한 사람들 덕분에 돌아간다. 현실에서 농사짓고 물고기 잡고 열심히 물건을 만들고 서비스업에 종사하는 사람들이 없다면 아무도 살아갈 수가 없다. 부지런한 사람들 눈으로 보면 직접적으로 현실에 도움이 되는 일을 하지 않는 사람들이 한심해 보일 것이다.
쌀이 나오시도 않는 음악을 하고, 그림을 그리고, 영화를 만들고, 글을 쓰는 일이 탐탁하지 않을 수 있다. 자기들이 고생해서 만든 재화를 공상이나 하는 사람들이 축낸다고 비난할 수 있다.

유명한 우화 '개미와 베짱이'에게서도 베짱이는 개미가 일할 때 기타나 튕기는 게으른 생활을 한다고 비난을 받는다. 과거에 국어시험을 보면 이 우화의 교훈은 '게으르면 나중에 고생하니 부지런히 일해야 한다.'가 정답이었다.

그러나 베짱이나 프레데릭 같은 예술가가 노래하지 않고 열심히 상상해서 이야기를 들려주지 않는다면, 밥은 먹고 살겠지만 삶은 아주 삭막해질 게 뻔하다. 우리는 베짱이와 프레데릭 덕분에 피곤하고 팍팍한 현실에서 위로를 받고 살아갈 수 있다.

초등학교 시절 반장이었을 때 잠깐 자리를 비운 선생님 대신 교단에 올라가서, 예전에 읽었던 만화책 이야기를 해 주면 친구들이 숨죽이고 집중하며 이야기를 들어주었었다.

세상일에는 그다지 쓸모없을지 모르지만, 나도 프레데릭일지도 모른다고 스스로 최면을 걸며 정신 승리한다.

마음의 한 줄

세상에는 성실히 일하는 사람도 필요하고, 꿈을 꾸는 시인도 필요하다.

성찰 노트

1. 나에게 기쁨을 주는 활동은 무엇인가요?

2. 새롭게 시작해 보고 싶은 활동이 있다면 무엇인가요?

3. 나의 고유한 성향에 잘 맞는 취미나 생활방식은 무엇인가요?

4. 자신의 한계를 넓혀 줄 수 있는 여행지는 어디일까요?

5. 여행을 통해 얻고 싶은 것은 무엇인가요?

6. 지금까지 읽은 책 중 가장 감동을 받은 책은 무엇이고 이유는 왜인가요?

7. 앞으로의 삶을 풍요롭게 만들기 위해 집중하고 싶은 독서의 주제는 무엇인가요?

3부

노년의 가을

인생 후반의 깨달음과 성숙

시간의 의미를 성찰하고,
남은 삶의 계획을 짜고,
불완전한 나를 받아들인다.

7. 시간에 대하여
8. 노년의 깨달음

7. 시간에 대하여

나선형으로 흐르는 시간

중년을 넘어가면 젊을 때보다 시간이 빨리 가서 시간을 도둑맞는 느낌이 들어 초조해진다.

한편 새해를 맞을 때마다 캘린더와 노트를 바꾸면서 새로운 각오도 다지고 다시 시작할 수 있어서 안도한다. 아무런 내용도 쓰지 않은 새 탁상 달력과 노트를 보며 새해에는 거기에 어떤 내용이 채워질까 기대하게 된다.

새해는 이해인 수녀님의 시처럼, 빨래를 하며 지난해에 옷에 묻혔던 때를 씻어 버리고 깨끗한 옷을 입고 시작하고 싶다. 새 옷은 아니지만 깨끗이 세탁하고 손질한 옷을 입는 느낌은 상쾌하다. 말리면서 더해진 뽀송한 햇볕 냄새가 느껴지고 올올이 옷김의 조직이 실아서 빳빳한 촉김이 느껴진다. 또 땀에 젖어 들러붙은 머리를 감고 잘 손질한 느낌으로도 시작하고 싶다. 손으로 머리칼을 쓸어올렸을 때 나는 샴푸의 허브 냄새와 새로운 시간의 바람에 응답하듯 흩날리는 머릿결이 기분 좋다.

종교가 있다면 연말에 성당에서 신부님께 고백 성사를 하거나, 교회에 가서 기도하거나, 사찰에 가서 절을 하며 마음을 비우는 것도 깨끗해진 마음으로 다시 한 해를 시작하는 새로운 출발에 의미를 준다.

한번 더러워진 것들이 영원히 깨끗해지지 않으면 정말 큰일인데, 어느 정도 회복할 수 있음에 안도하고 감사한다. 희미한 얼룩은 남겠지만 큰 오점은 반성하면서 씻어낼 수 있으니 얼마나 다행인지 모르겠다. 지난해에 묻혔던 땟국물이 씻겨 내려가는 것을 보면서 안도한다.

물론 그렇다고 완전한 회복은 아니다. 세탁한다고 해도 희미한 얼룩은 남아 새 옷같이 되지는 않고, 머리를 감아도 젊을 때처럼 머릿결이 좋아지지는 않으니 말이다. 고백 성사를 하고 반성한다 해도 자신이 행한 나쁜 일이 아예 없던 상태가 되지는 않는다. 그래도 매년 단장하고 다시 새로 시작할 수 있다.

이처럼 개인의 시간은 매년 순환하면서 동시에 앞으로 나사처럼 전진하는데, 전진하는 직선의 길이가 절대적 인생의 길이다. 순환 고리는 의미 있는 경험이 만드는 시간이고 늘린 고리의 길이가 질적인 시간의 양이다. 노년으로 갈수록 경험의 내용이 빈곤해지니 순환 고리가 점점 작아진다. 결국 시간 흐름의 전체모양은 고동 같은 원뿔형의 나선 모양이 된다. 따라서 개인의 삶의 질에 따라 100살까지 산다고 해도 질적으로는 단명일 수도 있고, 위인이나 성인들은 짧게 사는 것 같아도 질적으로 좋으니 충만한 인생일 수 있다.

10대의 1년과 80대의 1년은 같은 길이의 시간이 아니다. 뇌과학적으로 볼 때 나이에 따라 뇌의 반응 속도가 다르기 때문이다. 비유하자면 어린 시절은 반응 속도가 빠른 고속 카메라로 찍은 슬로비디오여서 순환 고리는 아주 길고, 노년은 반응 속도가 느린 저속 카메라로 찍은 단축 비디오여서 순환 고리는 엄청 짧다. 그러니 어릴 때는 그리도 가지 않던 시간이 나이 들어 쏜살같이 지나간다. 한편 치매 노인의 고리는 심지어 앞으로 나아가지도 않는다. 짧은 무한루프를 돌며 미래로 진행하지 않고 현재를 반복하거나, 오히려 방향을 거꾸로 돌려 과거로 역행하기도 한다.

인간에게 주어진 시간이 직선이기만 한다면 노력할 여지가 없을 것이다. 누구도 200년을 살 수는 없기 때문이다. 그러나 시간의 진행이 나선형이라면 노력해서 나선의 지름을 늘릴 수는 있다. 위인이나 성인들처럼 나선을 무한대로 키울 수는 없겠지만 인생에서 의미를 찾으려 노력한다면 한계 내에서 반경을 넓힐 수는 있다. 그러니 시간이 직선으로만 흐르지 않아 참으로 다행이다.

무조건 젊은 시절로 돌아가려는 노년의 시도는 성숙하지 않아 보인다. 치매와 비슷하게 인간의 성숙과는 역행이기 때문이다. 요즈음은 노인들도 청년들 못지않게 외모에 대해 관심을 가지는 경우가 많은데, 지나치면 보기가 거북할 때도 있다. 지나친 성형이나 화장을 한 할머니나, 지나치게 근육 만드는데 신경 쓰는 할아버지를 보면, 젊은이들과 육체적인 측면으로만 경쟁하는 것같이 보여 슬프다. 생의 흐름을 이해한다면 노인들은 젊은이들의 외모나 에너지와 경쟁할 것이 아니라, 그 사람이 살아온 시간이 준 지혜로 다음 세대에 도움을 줄 수 있어야 한다고 생각한다. 따라서 살면서 자신이 나선형의 시간에서 어느 위치에 있나 주의 깊게 살펴야 한다. 순환 고리가 너무 짧아지지는 않았나 의심해 봐야 한다. 우리가 지향하는 것은 절대적으로만 오래 사는 삶이 아니라 시간의 질이 좋은 인생이기 때문이다.

마음의 한 줄

그냥 오래 사는 삶이 아니라, 시간의 고리가 넓은 질적으로 좋은 삶이어야 한다.

인생의 타임라인을 그리다
보이는 시간

바람 자체는 보이지 않는다. 느껴질 뿐이다. 그러나 움직이는 나뭇가지나 흩날리는 머리칼이나 나부끼는 옷자락 등으로 바람을 볼 수 있다.

시간의 흐름도 보이지 않는다. 다만 느낄 뿐이다. 정기적으로 찾아오는 일상들, 이를테면 일주일 단위의 취미 배우기, 재활용 쓰레기 버리기, 연로하신 양가 부모님 찾아뵙기가 체감상 얼마나 자주 오는지를 보면서 시간이 지나가는 것을 간접적으로 본다. 엊그제 재활용 물품을 분류한 것 같은데 벌써 일주일이 지났다. 나이가 들면 더하다. 두 달에 한 번 하는 모임이 어느새 다가오고, 일 년에 한 번 가는 성묘가 벌써 다가왔다.

해야 할 일을 하느라 등 떠밀려서 왔다 갔다 하다 보면 시간을 도둑맞고 있는 것 같다. 젊었을 때는 넘치는 것이 시간이라 아까운 줄 몰랐었는데, 이젠 얼마 남지 않아 조금 남은 사랑처럼 아껴 먹어야 하는 귀한 재화라는 것을 느낀다.

노년에 접어들었을 때 먼저 해야 하는 일은 자신에게 남은 시간이 어느 정도인지를 가늠하는 일이다. 물론 죽음이나 질병이나 사고가 언제 닥칠지 모르는 연약한 운명의 인간에게 이 무슨 오만한 발상인가 하는 생각도 들지만, 이런 작업을 해 보면 내 나이에는 특별한 불행이나 사고가 없어도 이미 시간이 얼마 남지 않았다는 것을 깨닫게 된다.
그래서 간접적인 '메멘토 모리' 구호를 보기 쉬운 장소에 붙여 놓을 필요를 느낀다.

먼저, 자신의 일생을 타임라인으로 그려본다. 역사 시간에 많이 보던 시대별 나라별 타임라인을 비롯해서, 각종 주제별로 많은 타임라인이 있다. 이런 타임라인을 자신에게 적용하는 것인데 자기에게는 본인 인생이 제일 중요하므로 너무도 당연한 일이다.
과거만 있지 않고 미래도 포함되는 일이므로 오른쪽 부분은 열어놓는다. 자기가 언제 죽을지 아는 인간은 없기 때문이다. 그러나 반드시 죽으니 무한대로 길지는 않다. 라인의 왼쪽 부분 어떤 포인트에 어떤 굵직한 일이 있었는지도 표시한다. 대학 입학, 취직, 결혼, 아이들 출산, 부모님 별세 등 큰일들을 시기별로 간단히 기록한다. 직선의 길이는 시간과 비례해서 그린다.
의외로 현재 시점에서 통계적으로 스스로 건강하게 활동할 수 있다고 알려진 시기까지 시간이 얼마 안 남았음을 깨닫고 깜짝 놀라게 된다. 전체 모양이 마치 전기 기구나 청소기 등에 표시된 배터리 모양이고 남은 전력이 남은 시간에 해당하는데 그것이 매우 짧다는 것을 알 수 있다. 배터리는 충전이 되지만, 유감스럽게도 인간의 시간은 충전이 되지 않는다는 것만 다르다.

우리는 모두 시한부 인생을 산다. 따라서 자신의 타임라인을 그리고 길이를 확인하는 일은 시한부 환자에게 남은 시간을 알려 주는 것과 비슷하다. 남은 시간 동안 하고 싶은 일을 하고, 삶을 정리할 수 있게 해 준다. 죽을 환자가 자신은 곧 회복해서 젊을 때처럼 활동할 수 있다는 헛된 꿈을 꾸다가 갑자기 생이 끝나게 되는 어이없는 상황을 맞아서는 안 된다.

다음은 일력과 달력과 연력을 한꺼번에 잘 보이는 곳에 두고 날마다 표시하는 것이다. 이것은 의외로 시간의 흐름을 피부로 느끼는 데 도움이 된다. 일력은 현재를, 달력은 계절을, 연력은 나이를 보여 준다. 연력에 하루하루를 표시하다가 보면 어릴 때는 그렇게 길던 1년이 얼마나 빨리 지나가는지를 체감할 수 있다. 순식간에 연력을 바꿀 때가 온다. 1년이 이렇게 빨리 간다면 남아 있는 몇십 년도 길지 않다는 것을 느낄 수 있다. 이렇게 빨리 흐르는 시간이, 심지어 얼마 남아 있지도 않다는 것을 알게 되면 시간을 헛되이 쓰지 않으려고 노력하며 살 수 있다. 마음과 물질의 쓰레기나 만들고, 남들에게 자기 생각 강요하고, 돈과 지위에 집착하기에는 시간이 너무 없다. 허세 부리기에는 시간이 너무 조금 남은 것이다. 인생의 의미도 찾고, 다른 사람들도 존중하고, 생명의 터전인 지구도 아끼고, 우리 후손도 잘 키우고 등등의 좋은 일만 하기에도 너무 짧은 인생이다.

사라지는 것들에 대한 글을 쓴 이후에 그 어느 때보다도 시간이 지나가는 속도는 느렸었다. 일주일씩 한 달씩 뭉텅이로 지나가던 시간이 멈칫거리며 속도를 늦춘 것은, 내가 글을 쓰며 과거와 현재를 붙잡고 있었기 때문이다.
당연히 나의 인생 타임라인에는 글을 쓰기 시작한 시점이 표시되어 있다.

> **마음의 한 줄**
> 인생에서 얼마 남지도 않은 시간이 심지어 빨리 간다면, 진짜 정신 차리고 살아야 한다.

우주의 먼지로 돌아가는 여정
개기월식을 보며

고등학교 때 천문학을 공부하고 싶다는 생각을 한 적이 있다. 빅뱅과 우주가 팽창하고 있다는 증거와 빛의 속도와 별의 거리로 볼 때 지금 보는 별빛이 몇만 년 전에 보낸 빛이라는 말을 들으면서 가슴이 뛰었다. 천문학을 공부할 정도로 머리가 좋지는 않다고 깨닫고 일찌감치 포기했지만, 나중에 자연과학 쪽을 공부하기는 했다.

가끔 일식이나 월식과 같이 우리가 쉽게 관찰할 수 있는 천문 현상이 벌어지면 과거의 열정이 튀어나온다. 이번에도 개기월식이 있다고 하는데 마침 도시에서 떨어진 곳에 갈 기회가 있었고 그곳은 불빛이 상대적으로 적어서 월식을 관찰하기가 쉬웠다.

두꺼운 옷을 챙겨 입고 밖으로 나갔다. 구름도 없고 미세먼지도 적어서 달의 모양 변화를 드라마틱하게 볼 수 있었다. 달의 공전으로 인한 달의 모양 변화는 항상 원의 반까지 모양이 있지만, 월식은 지구 그림자에 의해 보름달이 가려지는 경우라서 남은 달의 모양이 완전히 다르다. 즉, 초승달은 얇아도 긴 반면, 월식 끝 무렵의 달 모양은 짧다. 방송에서도 당연히 이번 월식의 사진을 성능이 좋은 천문 망원경으로 찍어서 보여 주겠지만, 나도 열심히 휴대폰으로 달을 찍었다. 유감스럽게 육안으로는 또렷하게 보이는 모양도 핸드폰 사진으로는 선명한 형상을 잡아내기가 어려웠지만, 오랫동안 덜덜 떨며 많은 사진을 찍어 몇 장을 골라내어 친구들에게 보냈다.

이런 현상들이 왜 일어나는지를 머리가 아닌 마음으로 느끼려면, 태양과 지구와 달을 먼 우주 공간에서 바라보는 상상을 해야 한다. 잠시 자신이 머무는 곳에서 유체 이탈하여 신처럼 태양계를 바라보아야 한다. 여기서 더 먼 별까지 관심을 가지면 더 먼 우주 공간으로 상상의 여행을 해야 한다. 그때 우리는 자신이 조그만 은하 안의 작은 별인 태양의 주위를 도는, 점 같은 행성 지구에 사는 수십억의 사람들 중 하나라는 것을 알게 된다. 이것이 초라하게 느껴져서 어린 왕자처럼 엎드려 울지도 모른다. 다른 한편, 빅뱅 이후 우주의 물질과 에너지가 우주 전체로 퍼져서 이 먼 곳까지 다다르고 그중에 지구가 정말 운이 좋게 생명을 키웠는데 그 행운의 생명체가 바로 우리인 것에 내해 감사할지도 모른다.

주변의 자질구레하고 사소한 일들에 집착하다 보면 자신의 좁은 반경만 보이고 큰 그림이 보이지 않을 때가 많다. 그래서 사람들은 등산으로 고도를 높여 정상에서 아래를 내려다보며 개미 크기의 사람들이나 성냥갑 같은 건물들을 보고 세상이 얼마나 작은지를 느껴보기도 한다. 요즘은 드론 카메라가 높은 고도에서 찍은 사진을 송출하니 새의 눈으로 세상을 보는 호사를 누리기도 한다. 높은 데서 보는 넓은 반경의 풍경은 개인이 땅에 발을 딛고 보는 수평의 풍경과는 차원이 다르다.

하물며 요즘은 우주 공간에서 우주 망원경이 찍은 영상까지 보는 시대이고, 우주를 배경으로 하는 SF영화도 많아서 우주를 상상하는 일이 어렵지 않다. 거기에 가끔 월식 같은 우주쇼가 펼쳐질 때 나를 우주 공간으로 보내는 일이 더 쉬워진다.

그래서 조그만 일에 마음 상했을 때나 어떤 일이 마음에 걸려 잠이 오지 않을 때, 우주 공간으로 나를 보내 먼 곳에서 지구를 보는 상상을 하려고 노력한다. 그리고 "우리를 이루는 물질은 태곳적 먼 우주에서 왔다. 우리는 아주 작은 기회를 운 좋게 얻어 생명을 키우게 된 행성, 지구에 잠시 머물다 가는 생명체이다. 이 삶이 끝나면 우리는 다시 우주로 돌아간다." 라고 주문을 외운다.

이렇게 상상 여행이 끝난 뒤, 나를 힘들게 하는 일이 있어도 어린 왕자가 자신의 소행성으로 돌아간 것처럼, 나도 아름다운 행성 지구로 돌아간다. 거기에는 어린 왕자의 장미같이, 까탈스럽기는 하지만 그래도 내가 여전히 사랑하는 사람들이 있다. 그들과 한평생 잘 살다가 우주의 먼지로 돌아가고 싶다.

마음의 한 줄
마음이 어지러울 때, 먼 우주로 유체 이탈하여 작고 푸른 행성 지구의 조그만 나라에 쪼그려 앉아 심란해하는 나를 상상해 본다. 그러면 그 일이 아무것도 아니라는 생각이 든다.

시간을 담은 건축,
제주 '수풍석 뮤지엄'
다큐 영화 <이타미 준의 바다>

제주도를 여러 번 갔었다.
신혼여행을 필두로 대가족이 함께 피서 여행을 가기도 하고, 아들들이 성장하고는 그들이 결혼하기 전 가족여행으로 가기도 했다. 자연을 주제로 돌아볼 때도 있었고, 좋아하는 건축을 주제로 돌아볼 때도 있었다. 나이 들어 오랜 친구들과 제주를 가게 되었을 때, 예전부터 가고 싶었던 이타미 준의 '수풍석 뮤지엄'을 어렵게 예약하여 갈 수 있었다.
다시 몇 해가 지나고 다큐 영화 <이타미 준의 바다>를 보며, 그때 박물관을 보았던 감동을 다시 떠올리며 이글을 정리하게 되었다.

영화는 수풍석 뮤지엄 외에도 건축가 이타미 준의 인생과 그의 다른 작품도 많이 소개한다.
그의 여러 작품 중 일본 도쿄에 있는 '먹의 공간'이 특히 관심을 끌었다.

그는 건축 부지 앞의 두 그루의 오래된 벚나무를 자를 수 없어서 애초의 설계를 변경하였다. 벚나무를 돋보이게 하기 위해 건물의 파사드를 대나무로 바꾼 그 건축은 거의 예술 작품처럼 보인다. 교토에서 공수했다는 대나무는 건축 초기에는 초록색을 띠지만, 세월이 흐르면서 점차 갈색으로, 나중에는 거의 검은색으로 변화한다. 자신도 건축가인 그의 딸이 시간에 취약한 대나무를 자재로 쓴 이유에 대해 질문하자, 아버지는 건축은 시간에 따라 다른 맛을 주는 작품이라고 대답한다. 그리고 모든 건축이 결국은 폐허가 될 운명임을 명심해야 한다고 말한다. 그러면서 시간이 가면서 대나무가 색도 변하고 비와 바람에 의해 세로로 갈라지면서 나중에는 대나무가 발처럼 가느다랗게 쪼개질 때를 기대한다고 한다. 봄밤에 벚꽃이 만발했을 때 찍은 이 건축의 사진은 비현실적일 정도로 아름답다. 하얀 벚꽃과 배경의 검푸른 대나무들이 대조를 이룬다.

제주의 '방주교회'는 굳이 일본에 가지 않고도 제주도에 여행하는 동안 쉽게 볼 수 있는 건축이다. 영화를 보니 설계는 아버지가, 시공은 건축가 딸인 유이화 씨가 맡은 합작품이었다.

이 작품을 볼 때마다 감탄했었다. 물에 떠 있는 방주라는 생각 자체가 신의 구원이라는 개념을 포함하고 있고, 뱃머리의 창에 어리는 구름의 형상이 인류가 희망을 찾아가는 상상을 하게 한다. 실제로 배의 앞부분이 예배를 드리는 공간이기도 하다. 거기에 삼각형으로 조각난 타일들을 모아 만든 배(교회)의 지붕에서 제각기 반사하는 빛들의 향연을 보면, 신이 여전히 인간에게 축복을 내린다는 느낌이 든다.

수 박물관

제주라는 섬의 기본인 물을 기본으로 하는 '수 미술관'은 하늘에서의 뷰를 보면 마치 큰 대야 모양의 타원형 수조이다. 지면에서 보면 높지 않지만, 비탈을 그대로 살려서 만들었기 때문에 반대편 입구 쪽은 한층 아래인 구조이다. 돌아서 들어가면 둥근 대야 모양으로 잘린 하늘이 보이고 자갈이 깔린 얕은 물이 고여 있다. 그 물에 하늘과 흘러가는 구름이 담긴다. 영화는 이곳을 하루 종일 저속 촬영해서 빛의 경로를 추적한다. 벽에 마치 물고기 같은 빛의 형상이 어리는데 이것이 태양이 움직이면 같이 움직이다가 저녁이 되면 사라진다.

내 경우는 맑은 날 방문했었고 파란 하늘이 너무도 예뻤지만, 영화 속 비가 오는 장면을 보니 그 또한 장관이다. 고속 촬영으로 찍은, 빗방울이 천천히 떨어지며 수조의 물과 만나는 장면과 그때 내는 소리가 마치 물방울들이 춤을 추며 노래를 하는 것 같다. 눈 내리는 겨울날의 장면도 비현실적으로 고즈넉하고 아름답다.

제주의 또 다른 특징인 바람을 나타내는 '풍 미술관'은 바람을 시각화할 수 있는 억새와 풀이 많이 있는 지역에 자리 잡았다. 멀리서 보면 흔들리는 풀밭 저편에 미술관이 서 있다. 건축 자재도 막힌 벽이 아니라 길고 좁은 나무판자를 틈을 두고 가운데를 가로지르는 나무로 붙여 만든 벽이라 바람이 술술 통과하는 집이다. 공기만 통하는 것이 아니라 소리와 빛도 통과한다. 문조차 없는 집 안으로 들어오면 모든 것이 안과 밖으로 드나든다. 굳건한 벽을 세워서 들어오는 것들에 저항하는 것이 아니라, 틈

풍 박물관

으로 모든 것을 받아들인다. 이렇게 들어온 빛은 집안을 종일 여행한다. 영화는 이 빗살무늬의 빛과 그림자가 시간을 타고 여행하는 여정을 추적한다.

제주에 지천인 돌을 주제로 한 '석 미술관'도 있다. 돌이 주제라고 하지만 집의 재료는 금속이다. 이것도 역시 시간을 보여 준다. 처음에는 반짝이는 금속의 외벽이었다가 현재는 비와 바람을 맞으며 산화해서 붉은색으로 변했다. 사람들은 더 긴 시간이 지난 미래에 이 건물이 어떤 폐허가 될지를 상상하게 된다. 지붕에는 원통형 창이 있고 그것을 통해 들어온 빛은 하트 모양으로 종일 방안에서 여행한다. 벽의 아랫부분 가로로 길쭉한 창밖으로 역시 가로로 긴 바위가 놓여있다. 그것을 관조하노라면 오래된 돌과 인간의 짧은 생이 대조되며 겸손해진다. 그러나 인간도 건축도 바위도 결국은 소멸할 것이다. 남은 건 돌아다니는 빛뿐이다.

친구들과 함께 본 '수풍석 뮤지엄'은 너무 인상적이었고, 좋아하는 사람들에게도 꼭 감상하시기를 권한다. 직접 볼 때도 더할 나위 없이 좋았지만, 영화를 보며 다큐를 제작한 분들에게 감사하게 되었다. 보통 어떤 작품을 감상하는 건 대부분 일회성 경험일 경우가 많다. 마니아라고 해도 모든 일을 떨치고 거기에 엄청 많은 시간을 투자하는 것은 어렵기 때문이다.

석 박물관

이곳을 경험한 사람들은 자신이 갔던 때가 가장 좋았을 때라고 생각한다. 그것이 사실이기도 하다. 맑으면 맑아서, 비가 오면 비가 와서, 봄이면 봄이어서, 겨울이면 겨울이어서 좋다.

책을 보며 수년간 노력한 작가의 땀 덕분에 태어난 걸작을 몇 시간 만에 들여다보는 것에 감사하는 것처럼, 7년간 이 영화를 찍느라 고생하신 작가분들 덕분에 세세한 경험을 다 맛볼 수 있어서 감사했다.

영화 덕분에 개인이 실제로 간 계절뿐 아니라 모든 계절의 풍경을 볼 수 있었고, 몇십 분만 머무를 수 있었던 공간의 하루를 저속 촬영으로 내내 보여 주어서 빛과 그림자의 여행 과정을 느낄 수 있었다. 그것을 통해 긴 과정 중의 한순간에 불과했던 개인적인 경험을 확대할 수 있었다. 때로는 빗방울 장면처럼 고속 촬영으로 만든 슬로비디오를 통해 순간을 늘려 주기도 했다. 이렇듯 영화에서는 시간을 늘리기도 하고 줄이기도 하며 우리의 경험을 확장해 주었다.

박물관과 영화를 통해 일본에서는 조센징으로, 한국에서는 재일 교포로 정체성의 혼란을 겪었던 예술가, 이타미 준이 평생에 걸쳐 남긴 훌륭한 작품을 감상하며 그의 고국에 대한 사랑, 시간의 철학을 담은 건축, 건축 재료에 대한 애정 등을 들여다볼 수 있었다. 말년에 뜻이 맞는 건축주를 만나 고국 제주에서 자신의 어두움에서 벗어나 역사를 초월하고 우주를 발견할 수 있어서 다행이라고 생각한다.

건축에 시간을 담은 이타미 준을 기리며, 많은 사람이 '수풍석 뮤지엄'과이 영화를 보며 그의 인생과 작품들을 더 깊이 이해하기를 바란다.

> **마음의 한 줄**
> 예술가들이 짜놓은 경로로 자연과 작품을 들여다보면 시간의 본질을 더 잘 이해할 수 있다.

버킷리스트를 체크하다
긴 여름, 그리고 겨울

끝날 것 같지 않았던 긴 여름이 지나갔다. 예년에는 8월 중순이면 꺾이던 더위가 9월 중순에야 물러갔으니 한 달이나 늦게 가을이 왔다. 나는 유난히 더위를 타서, 이번 여름을 어떻게 견뎠는지 모를 정도로 힘들었다. 마침 미국에 있던 작은 아들도 쉬러 집에 와서 온 가족이 각자 방을 쓰며 에어컨을 트는 바람에 사상 최고치의 전기료 폭탄도 맞았다.

이상 기온으로 여름이 길고 가을은 짧아지고 겨울이 바로 닥치는 것처럼, 나도 생각할 겨를도 없이 길게 젊었다가 중년을 짧게 보내고 바로 노년을 맞이한 느낌이다.

아무리 막으려고 해도 계절이 반드시 바뀌는 것처럼 사람도 아무리 발버둥 쳐도 늙어간다. 젊을 때는 넘치는 것이 시간이라 지금 안 해도 언제라도 할 수 있다고 생각해서 미룬 것이 한둘이 아니다. 또 나중에는 좋은 시절이 오리라 생각해서 싫은 일도 참고 억지로 했던 경우도 많았다. 그러나 이제 가을도 아닌 겨울에 접어든 인생에서 더는 미룰 수 없는 것들이 있다. 영화 제목에서 보거나 막연하게만 여겼던 '버킷리스트'라는 단어가 절박하게 여겨지기 시작한 이유다.

젊을 때 우스갯소리로 "비행기 일등석 타 보는 게 버킷리스트다." 등등의 농담을 한 적도 있었다. 그러나 버킷리스트란 죽음을 앞두고 인생에서 꼭 해 보고 싶은 것을 의미한다. 따라서 돈으로 환산할 수 있는 것들이 거기에 포함될 것 같지는 않다. 영화 〈버킷리스트〉에서도 백만장자 잭 니콜슨이 마지막에 바란 것은, 사이가 나빠져서 연락이 끊어진 딸과의 화해였다. 가족들을 위해 평생을 일만 해온 모건 프리먼의 경우는 호화관광이 아닌 자연의 장엄한 광경을 보는 것이 버킷리스트 1번이었다. 영화는 시한부 판정을 받은 두 남자가 인생을 돌아보는 스토리이고 그때는 내가 젊었을 때라 상황에 감정 이입하기는 어려웠다. 그러나 이제는 시한부 환자의 상황도 이해할 수 있는 나이가 되었다. 꼭 병에 걸리지 않았어도 노년은 남은 시간이 많지 않은 시기이고 언제라도 죽음과 만날 수 있기 때문이다.

버킷리스트 생각을 하며, 죽음이 가까워지면 무엇을 후회하고 무엇이 아쉬울까 상상을 해 보았다. 청년 시절에는 나를 향상하기 위해 애썼다. 결혼 후에는 인생에서 해야 할 과업인 출산을 하고 자녀를 키웠다. 중년에는 부모를 보살펴 드렸다. 노년을 맞아 비로소 이런 과업들로부터 자유로워졌다. 이렇게 맞은 노년의 황금 같은 자유 시간을 허투루 보낸다면 나중에 가장 후회가 될 것 같았다.

책도 보고 글도 쓰고 여행도 다니고 싶지만, 노년의 모든 가능성은 건강의 문제와 직결된다. 그래서 최우선으로 건강을 위해 운동을 해야겠다고 마음먹었다. 기왕 한다면 즐겁기도 한 운동을 선택하기로 했다. 그래서 고른 운동이 탁구이다. 운동 감각이 별로 없어서 수년을 쳤는데도 그다지 수준 높은 탁구를 치지는 못한다. 그러나 재미가 있어서 의무가 아니라 즐겁게 운동을 할 수 있었다. 기왕 재미있게 하는 탁구를 대충 치지 말고 잘 배워서 멋진 기술을 구사하며 치면 행복할 것 같았다. 물론 그렇다고 이 나이에 부수를 올리거나 대회에서 명성을 떨치는 것은 불가능하다. 그저 스스로 만족하는 모습을 만들고 싶을 뿐이다.

그래서 '멋있게 탁구 치기'를 버킷리스트로 정하고 개인 지도를 받기로 했다. 처음에는 경제 활동도 안 하는 시기에 레슨비가 드는 것이 마음에 걸렸지만, 노년내과 정희원 교수의 말처럼 지금 건강에 투자하는 돈은 나중에 누워서 쓰는 치료비에 비하면 새 발의 피라고 생각하기로 했다. 더 늙으면 움직임이 둔해져서 돈이 아무리 많아도 할 수 없는 시기가 분명히 올 것이기 때문이다. 누구나, 나이 들어 돈은 많은데 비서와 간병인에게 둘러싸여 헬리콥터와 휠체어를 타고 산을 구경하는 인생보다는, 돈은 별로 없어도 자기 발로 산에 걸어와서 자연을 감상하는 인생 쪽을 선택할 것이다.

시간을 앞으로 돌려서 침대에서 마지막을 맞을 때를 상상한다. 몇 가지 회한은 남겠지만 가족들과 친구들을 사랑했고, 열심히 책보고 영화 보고 글을 썼으며, 멋진 자세로 운동하기 위해 노력했던 나를 뒤돌아보며 후회하지 않을 것 같다.

> **마음의 한 줄**
> 노년에는 돈보다 시간이 더 귀중한 재화다. 자기를 표현할 수 있는 취미 활동을 잘 선택해서 노년 생활을 풍요롭게 만들어야 한다.

8. 노년의 깨달음

사라지는 것들에 대한 예의
기록의 힘

모든 것은 사라진다.
소소한 일상이 그냥 흘러가고 절절하던 감정과 허무한 몸짓과 아름다운 음악이 결국 사라진다. 더 나아가면 위대한 예술 작품이라고 일컫던 것들도 잊히고, 더 긴 시간이 흐르면 인류도 지구도 사라질 것이다.

인류도 예술도 그러할 진데 보통 사람들의 작은 역사는 오죽할 것인가. 나의 경우 인생의 커리어에서 대단한 성과를 얻은 것도 아니고, 그저 게으르지 않게 할 일을 하며 좋아하는 일들도 놓지 않고 살았을 뿐이다. 학생들을 가르치고 아이들을 키우고 부모님을 도와드리고 인문학 공부와 독서와 영화감상을 오랫동안 해 왔으나, 하는 동안의 감동이 끝나면 그것들은 어디로 가는 것인가 하는 허무함이 몰려왔다.

그러다가 나이 60에 인터넷 문학 플랫폼인 '브런치'를 만났다. 내가 책과 영화와 삶의 경험을 통해 얻은 통찰과 감정을 정리할 수 있는 장이 마련되었다. 솔직히 처음에는 다른 사람과 내 글을 나눈다는 생각보다는, 머릿속에서 공간이 좁다며 시끄럽게 떠드는 이야기들을 뇌의 외장하드에 정리하겠다는 생각이 우선이었다.

혼자 일하고 생각하고 좋아하다가 죽어서 아무도 그것을 모르면 태어난 의미가 무엇인가 싶었다. 훌륭한 글들도 많은 세상에서 창작도 아닌 내 글이 무슨 대수겠냐만, 나에게는 이것들을 정리해서 기록한다는 것이 중요했다.

예술 중에서도 미술 같은 공간 예술은 창작의 결과가 남아서 손에 잡히고 나중에도 볼 수 있으니 좋은 것 같다. 그러나 과거에 시간 예술인 음악을 하는 사람들에게는 한번 연주하면 그걸로 끝이었을 테니 그들도 허무감을 극복하기는 힘들었을 것이다. 그들은 혼자 연습하고 즐기거나, 소수의 애호가 앞에서 연주하거나, 유명한 연주가의 경우에만 큰 극장에서 연주할 수 있었다. 지금은 녹음 기술이 발달해서 좋은 음질로 과거의 연주를 재생할 수 있고 눈앞에서 그들이 연주하는 것을 보는 것 같은 착각을 할 정도로 동영상의 질도 좋아졌다. 이제 그들의 연주는 사라지지 않는다.

글이든 녹음이든 사진이든 동영상이든, 어떤 순간을 기록하는 일은 정말 중요하다고 생각한다. 기록은 시간과 장소를 극복하고 그것이 사라지지 않게 해 준다.

평범한 이야기를 하자면, 존재감 없는 주부들이 하는 집안일의 무수한 반복은 그들을 회의감에 빠트리기 쉽다. 주부들에게는 아이들을 키우는 일과 부모님을 보살피는 일과 음식을 마련하는 일과 그 외의 허드렛일들이 집안에 산적해 있다.

매번 차리는 밥상은 긴 시간의 노력을 들여도, 당연한 듯 순식간에 먹어 치우는 가족들에게 감사조차 받기도 어렵다. 사랑하는 사람들을 위해 하는 일이고 가족을 살리는 일이라고 스스로 최면을 걸며 지루함과 허무함을 극복하려 하지만, 이것만으로 긴 세월을 계속 버티게 하는 힘을 얻기는 어렵다. 오래전 기록에서도 반나절이나 걸려서 만든 음식을 사냥에서 돌아온 남자들이 순식간에 먹어 치우자 허무해서 울었다는 여자들의 이야기를 읽은 적이 있었다.

그래서 영화에 대한 글과 에세이에 이어, 부모님과 이별하는 이야기와 늘 하는 요리에 대한 글도 쓰기 시작했다.

이런 것은 자랑을 위한 것이나 거창한 것이 아니었다. 감동하며 본 책이나 영화는 시간이 지나면 줄거리도 느낌도 희미해진다. 내용과 감상을 기록해 놓으면 언제고 읽을 때 그때의 감동이 되살아날 수 있다고 생각해서 정리하기 시작했다. 살면서 느낀 감정과 성찰도 사적인 일기장 밖으로 꺼내어, 보편적인 정서로 표현한 에세이로 정리했다. 이렇게 함으로써 삶에 대한 민감한 감수성을 잃지 않을 수 있었다. 이제는 돌아가셔서 안 계신 부모님에 대한 글도 썼다. 부모님이 계신 세계를 글로 만들어 놓고 풀이 죽었을 때 다시 찾아가서 힘을 얻을 수 있었다. 가족들을 위해 애써 만든 음식이 실제로 있었다는 것을 확인하는 차원에서 사진도 찍었다. 나중에 내가 이 세상에 없어도 남은 가족들이 레시피를 보고 음식을 해 먹으며 엄마를 기억하면 좋겠다는 마음으로 음식 만드는 과정과 음식에 얽힌 추억도 열심히 기록했다.

고백하자면 이런 행위가, 삶이 힘들고 덧없다는 감정을 극복하는 데 많은 도움이 되었다.

이것은 어떤 영화를 봤는지 인증하려고 극장 앞에서 찍은 사진이나, 유명식당에 가서 요리사가 만든 비싼 요리를 찍어 소셜 미디어에 올리는 것과는 근본적으로 다른 행위이다. 소소하지만 내 삶의 역사를 기록한 것이기 때문이다.

삶을 기록하면 일상이 일종의 예술 작업 비슷한 것이 된다. 다양한 삶의 과정을 정리해서 기록하는 행위는 성취감도 주고 인생의 반복되는 일들을 기꺼이 즐기면서 할 수 있게 만들어 준다. 무엇보다 개인의 작은 역사에서 중요한 일들을 사라지지 않게 붙잡아 준다. 그래서 회의에 빠진 사람들에게도 자기의 삶을 기록하고 다른 사람들과 나누라는 제안을 하고 싶다(심지어 나누지 않아도 스스로에게 가치가 있다).

어차피 모든 것은 사라질 것이고, 또 누가 나의 작업 과정이나 작은 성취를 봐주지도 않겠지만, 삶을 기록하고 정리하는 일은 자신의 인생에 스스로 의미를 주는 일이다.

자기의 생각과 하는 일을 들여다보며 기록하는 행위는 인간에게 자존감을 준다.

> **마음의 한 줄**
> 글을 쓰면 시간을 멈추고 그때를 바라보며 사라지는 것들을 잡을 수 있다.

그럼에도 불구하고, 새해에는
새해의 다짐

최근에 우연히 티브이 프로그램에서 낙뢰를 맞고 쓰러졌다가 살아난 김관행 씨를 소개하는 에피소드를 보았다. 낙뢰를 맞고 무려 40분 동안이나 심장이 정지되었다가 기적적으로 살아난 이 이야기는, 그를 개인적으로 모르는 사람들에게도 희망을 주었다. 의료진의 노력으로 심장이 뛴 이후에도 위기가 계속되고 결국 혈액을 모두 뽑아 산소를 강제로 주입한 후 다시 몸속으로 넣는 '에크모'를 실시해서 겨우 살아났다고 한다. 그 당시에는 주치의도 그가 죽을 것이라고 예상했었고 살아날 확률은 객관적으로 1% 미만이었다.

벼락을 맞을 확률이 얼마나 낮은가를 보면, 그는 참으로 운이 나쁜 사람이다.

그러나 달리 생각해 보면, 사고가 난 후 근처에 있던 조교들이 그를 쓰러진 즉시 발견했고, 그들이 마침 응급조치를 할 줄 아는 사람이었고, 구급차가 일찍 도착했고, 가까운 병원에 에크모 장치가 있었고, 좋은 주치의가 있었고, 무엇보다 그가 살겠다는 의지가 있었다.
이렇게 많은 우연이 겹쳐져서 그가 살아나게 된 것이니, 그는 진정 행운의 사나이다.

통계의 정상 분포 곡선에서 가장 가장자리는 확률이 거의 0에 수렴해서 거의 일어나지 않는 일이다. 그러나 거의 0이라는 것이, 절대로 일어나지 않는다는 의미는 아니다. 이런 내용을 나심 탈레브라는 저자가 『블랙스완』이라는 책에서 잘 묘사한 적이 있다. 검은 백조라는 것을 흔히 상상할 수는 없어도 그것이 없다는 뜻은 아니다. 실제로 자연에도 검은 백조가 아주 적지만 존재한다. 모두 호황의 미국 주식 시장에서 낙관론을 펼 때 그가 아주 낮은 확률을 의미하는 '블랙 스완'을 말하며 금융 위기를 예측했고, 그것이 들어맞으면서 유명해졌다.
정상 분포 곡선의 양극단 중, 위에서 말한 행운이 겹치는 사건의 반대편에 있는 것이 비극적인 사고들이다. 위험한 시설이나 기기에는 많은 단계의 안전장치를 걸기 마련인데, 평소에는 이 중 하나라도 작동해서 큰 사고를 막는다. 그러나 역사적으로 일어났던 큰 사고들의 경우, 이 여러 단계의 안전장치들이 우연히도 줄줄이 빗나가고 결국 큰 사고가 터졌었다. 이렇게 수많은 사고 방지 기회를 다 피하고, 수많은 후회를 남기는 비극적인 사고가 아주 가끔이지만 우연히 일어난다.

영화 〈노인을 위한 나라는 없다〉를 보면, 무심한 우연과 확률을 상징하는 섬뜩한 살인마, 안톤 쉬거가 사람들의 생사를 쥐락펴락한다. 지혜를 상징하는 노인 경찰 에드가 그를 추격하며 고군분투 하지만 범죄를 막지도 못하고 사람을 살리지도 못한다. 살인범은 착한 사람이라고 봐주는 법도 없다. 동전을 던져 결과대로 행한다. 누구도 이 우연을 이길 수는 없다.

그러나 늙은 경찰은 은퇴 후 꿈에서, 그의 아버지가 어린 자신의 앞에서 걸으면서 작은 불씨를 피우며 자신을 안내하고 있는 것을 본다. 그때 그는 자신이 평생 해온 일들이 쓸데없는 짓은 아니었다는 것을 깨닫는다. 무자비한 세상을 바꾸지는 못했지만 선한 의도로 해야 할 일을 하며 가족과 이웃을 사랑하고 위로하며 다음 세대에게 모범을 보이고 살았다면, 우연과 혼돈이 뒤통수를 치더라도 좋은 삶을 살았다고 볼 수 있지 않을까.

우리의 의도와 의지가 언제나 좋은 결과를 낳는 것은 아니고, 우리의 삶은 우연과 확률 앞에 너무나 무력하다. 그러나 죽을 거라는 예측에도 삶에 대한 의지를 잃지 않았던 김관행 씨나, 매번 뒷북을 치면서도 살인범을 좇는 늙은 경찰처럼 우리도 선택을 할 수는 있을 것 같다.

인생은 해피 엔딩이 아니어도 어떤 의도와 의지를 가지고 살았는가로 그 질이 정해진다. 카오스와 우연이 나를 덮쳐서 해칠지라도, 동전을 던질지 말지는 나의 선택이다.

젊을 때처럼 구체적이고 밝지는 않아도, 결과에 상관없이 선한 의지를 가지고 살자는 것이 지금의 내가 할 수 있는 새해의 다짐이다.

마음의 한 줄
우연과 확률은 신에게 맡기고, 우리는 그저 선하게 살기를 선택하면 된다.

무의식이 보내는 편지
꿈의 대화

주변에서 자기는 꿈을 꾸지 않는다고 말하는 사람들을 많이 보았다. 또는 꾸기는 하는데 개꿈만 꾼다고 이야기하는 사람들도 있다. 또는 영험한 꿈을 꾸면 그 일이 일어나는, 이른바 예지몽을 꾼다고 하는 사람들도 있다. 점쟁이들이 꿈 이야기를 많이 하지만, 프로이트 같은 정신 분석학자나 융 같은 분석 심리학자들도 꿈을 중요하게 다룬다.

우리의 마음에서 우리가 의식하는 부분은 말 그대로 빙산의 일각이기 때문에 자신이 모르는 부분인 무의식이 대부분을 차지한다. 그런데 무의식이란 문자 그대로 의식하지 못하는 영역이니, 당사자의 의식의 표현인 말만으로는 증상이 왜 생겼는지를 알 수가 없다. 꿈처럼 무의식을 간접적으로 보여 주는 단서들로 해석해야 한다.

꿈을 통해 무의식은 하고 싶은 말을 한다. 그러니 개꿈이라고 치부하지 말고 자신의 꿈을 잘 들여다보는 것이 중요하다. 내 경우는 분석 심리학을 공부하며 무의식의 세계를 공부하게 되고부터 나 자신과 다른 사람의 꿈에 관심을 갖게 되었다. 그리고 그때부터 유의미한 꿈을 더 많이 꾸게 되었다. 즉, 신호에 민감하고 보내 주는 내용을 중요하게 받아들여야 무의식도 의미있는 메시지를 전한다고 생각한다.

꿈의 내용은 맥락도 없고 인과 관계도 없이 그냥 다짜고짜 나타난다. 윤리로부터도 자유롭고 나오는 인물들도 다양하다. 그러니 꿈에서 한 행동으로 창피해하거나 당황할 일은 아니고 그 의미가 무엇일까를 생각하면 된다. 나이가 든 사람이 젊은 모습으로 나오기도 하고 심지어는 세상을 떠난 사람도 생생하게 등장하기도 한다. 배경은 마치 초현실 화가의 그림과도 같고 같은 꿈 안에서도 장소와 시간이 바뀌기도 한다.

꿈에 등장하는 사람들은 대부분 현실에서 보던 사람이겠지만 그 사람과 직접적인 상관은 없다. 내 마음에 존재하는 한 부분이 그 사람의 특징을 갖고 있다고 보는 것이 맞다.

다음은 지인이 꾼 꿈이다.

그녀는 평소에 남편과 사이가 좋고 행복한 결혼 생활을 하는 사람이었다. 꿈은 "그녀가 남편을 죽인 다음 커다란 캐리어 가방에 구겨 넣어 장롱 위에 얹어 놓았다. 그런데 아직 죽지 않았는지 장롱 위 가방 안에서 계속 두드리는 소리가 나서 그녀는 덜덜 떨며 무서워한다."라는 내용이었다. 그녀는 깨고 나서, 비록 꿈이지만 자신이 사랑하는 남편을 죽였다는 것에 놀라고 있었다.

그러나 여기서 남편으로 나타난 것은 실제 남편이 아니라 여성의 마음속 남성적인 요소인 '아니무스'이다. 그녀는 재능이 있는 사람이었는데 전문 분야가 아닌 평범한 직장에 다니고 있었다. 결혼 생활이 행복했지만, 마음속에서 성취에 대한 욕구가 여전히 존재하고 있었다. 그러나 의식 수준에서는 그 욕망을 깨닫지도 못했다.

여성의 마음 안에 재능을 발휘하고 성취하고자 하는 남성적인 부분을 '아니무스'라고 하는데, 그것이 제일 가까이서 많이 보는 남성인 남편으로 의인화되어 꿈에 나타난 경우이다. 꿈에서 자아는 아니무스를 심하게 억압한다. 심지어 죽여서 더 이상 못 나오게 꼭꼭 숨겨놓는다. 그러나 그 성취 욕구는 없어지지 않고 계속 마음의 문을 두드리며 자신의 존재를 알린다. 그러니 진짜 남편을 죽이고 싶었나 하는 죄책감을 가질 필요는 전혀 없다.

그녀에게, 자신이 성취할 수 있는 분야와 방법을 천천히 모색해 보라고 말해 주었다.

이처럼 꿈에는 우리가 생각해야 할 메시지가 들어 있다. 물론 현실의 대화와는 다른 문법으로 전달하므로 의미를 금방 잡아낼 수 없지만, 우리가 주의해서 들으면 점점 많은 부분을 해석할 수 있다. 그러나 무시하거나 흘려들으면 아무런 메시지도 건질 수 없다.

사람은 의식과 무의식의 괴리가 클수록 자기가 누구인지 알 수가 없어진다. 무의식을 많이 의식화할수록 자기에게 가까이 다가갈 수 있다. 무의식을 자신을 알리는 여러 통로가 있지만 그중 꿈이 가장 자주 쉽게 접할 수가 있는 형태이다.

꿈과 진실하게 대화하려고 노력할수록, 꿈은 의미 있는 편지를 더 많이 보낸다.

마음의 한 줄
의식이 주장하는 것과 진짜 자기가 원하는 것은 다를 때가 많다. 무의식을 알아갈수록 점점 마음의 중심인 '자기'에게 다가갈 수 있다.

젊을 때 알았더라면
다르게 살았을까?
시간의 퇴적물

어쩌다 우연히 저지른 일은 해프닝이고 실수이다. 그러나 똑같은 일이 반복된다면 나쁜 의미에서는 '벽'이고 중립적인 의미에서는 '습관'이다. 어릴 때는 습관이 영향을 크게 끼치지는 않는다. 몸과 마음도 탄력적이고 버릇도 오랜 시간 동안 쌓인 것도 아니기 때문이다. 나이가 들면 다르다. 긴 시간 동안 같은 행동을 하면 몸과 마음이 그쪽으로 굳는다.

내 몸에서 가장 눈에 띄는 신체적 이상은 무지외반증이다. 젊을 때 화장이나 옷 같은 외적인 단장에 크게 신경을 쓰지 않았지만 높은 구두만은 포기하지 못했었다. 보통 키였지만 높은 신발을 신으면 비율도 좋아 보이고 늘씬해 보인다는 착각이 들었고, 남들은 신는데 나만 안 신으면 상대적으로 손해를 보는 것 같았다. 심리학적으로, 남들보다 돋보이고 싶다는 생각이 숨어 있었던 것 같다.

아무튼 수십 년간 발을 혹사한 결과, 발이 복수한다. 튀어나온 부분이 신발에 닿기라도 하면 비명이 나올 정도로 아파서 이제는 굽이 낮고 볼이 넓은 신 이외에는 신을 수 없게 되었다. 만나는 자리의 특성상, 정장 구두를 신어야 하는 날은 억지로 신고 나갔다가 거의 울면서 절뚝거리며 들어올 때도 많다. 휜 엄지발가락을 교정해 준다는 의료기구를 사서 착용해 보지만, 이론적으로 볼 때 높은 굽으로 수십 년 동안 변형시킨 발가락을 되돌리려면 보정 기구로 똑같은 긴 시간 동안 반대쪽으로 힘을 가해야 할 것이니 완벽한 교정은 사실상 불가능하다고 생각한다.

학창 시절부터 이어온 나쁜 자세도 문제이다. 사춘기 때부터 구부리고 다녔고, 책 읽는 것을 좋아하는 편이라 구부리고 책상에 앉아 있었던 시간도 길어서 가슴을 편 당당한 자세와는 거리가 멀게 살아왔다. 결국은 어깨에도 문제가 생겨서 고생했다. 이것도 이제야 반대 자세를 취하고 있으니 과장되어 보이고 우스워 보인다.

앉는 자세도 나중에는 문제를 일으켰다. 나에게는 앉으면 자동으로 다리를 꼬는 버릇이 있다. 수십 년이 지나니까 몸의 좌우가 살짝 비대칭이 된 것이 느껴진다. 요즘에는 그러지 않으려고 의식적으로 노력하지만, 어느새 무의식적으로 다리를 꼬고 앉아 있는 자신을 발견한다.

신체적인 습관 이외에는 직장을 그만두고 나서 가정에서 허드렛일만 하고 살 수는 없다는 강박에 낮에는 집안일을 하고 밤에는 늦게까지 잠을 자지 않고 책을 보는 습관이 있었다. 그러나 나이가 들고도 계속하니 눈이 나빠지고 다음 날의 몸의 상태가 좋지 않아졌다. 결국 제일 컨디션이 좋은 아침과 오전에 나에게 의미 있는 일을 하고 그 뒤에 집안일을 하기로 하고 순서를 바꾸었다. 가장 중요하고 에너지가 있어야 할 수 있는 글쓰기와 책 읽기 영화 보기를 우선순위로 놓고 먼저 하려고 노력한다. 그러나 여전히 밤에 글을 쓸 때 집중이 제일 잘 되고 책도 잘 읽힌다.

습관과는 별개로 누구에게나 작용하는 중립적인 영향으로는 중력이 있다. 젊을 때는 영향이 미미하지만 나이가 들면 중력이 작용한 시간도 길어지므로 지구에 존재하는 한 모든 것이 아래 방향으로 처진다. 입꼬리, 눈꼬리, 피부가 처진다. 생리적인 노화로 인해 달라지는 것들도 있다. 노안과 주름으로, 이는 막을 수 없는 일이다. 작은 글씨를 잘 보기 위해 돋보기는 쓰지만, 주름을 의학적인 도움을 받아 되돌릴 생각은 없다. 평소 짓는 표정대로 주름이 만들어질 테니 주름 모양이 그 사람의 인생을 보여 준다고 생각한다.

영화 〈컨택트(Arrival)〉에서 언어학자인 여자 주인공은 외계인의 언어를 연구하다가 과거로부터 미래로 한 방향으로 나가는 선형적 시간과는 달리, 자신의 생을 과거 현재 미래까지 한꺼번에 볼 수 있는 원형적 닫힌 시간으로 이해할 수 있게 되었다. 미래까지 한꺼번에 볼 수 있는 사람으로서, 그녀는 미래에는 사랑하는 남편과 헤어지고 아이를 병으로 잃게 된다는 것까지 알게 된다. 그런데도 그녀는 지금 그 남자와의 사랑을 시작하고 아이를 낳는 선택을 한다. 이별과 상실까지 포함하는 것이 그녀의 인생이기 때문이다.

과거의 행동이 나중에 어떤 영향을 주는지를 젊을 때 알았더라면 다르게 살았을까?
그러나 그 당시의 내가 미래를 예상했다고 하더라도 그때의 현재를 포기하지는 않았을 것 같다. 미래의 건강을 위해 젊은 날에도 높은 구두를 신지 않거나, 다리를 꼬지 않고 똑바로 의자에 앉거나, 눈을 위해 밤늦게 책을 읽는 일을 포기하지는 않았을 것 같다.
자식들이 내 뜻대로 자라지 않을 것을 예상했어도 자식을 낳았을 것이고, 나중에는 달콤하지 않을 것을 알면서도 남편과 결혼했을 것이다. 그러니 내 현재의 상태는 과거의 내가 알고도 만든 것이다.
긴 시간의 퇴적을 보여 주는 지금의 모습이 결국 내 진짜 모습이다.

마음의 한 줄

밝지 않은 미래가 예상된다고 해도, 그것이 자기의 길이라면 그 길을 포기하지는 않겠다.

미래를 보는 사람
점 잇기와 비슷한 인생

제목만 보면 마치 신화의 예언자나 사이비 점쟁이 같은 느낌을 풍길 수도 있겠다.
그러나 여기에서 미래는 어떤 특정 시점의 특정 사건을 의미하지는 않는다. 물론 신화의 예언자나 점쟁이도 예언의 내용이 구체적이거나 시기를 특정하지 않지만 그들의 목적은 고객의 불안감을 조성해서 돈을 뜯어내는 일이다. 신탁이나 점괘는 코에 걸면 코걸이 귀에 걸면 귀걸이라는 말에서 알 수 있듯 내용이 애매하고 모호해서 자신의 오류를 감춘다.

오히려 이 글에서 '미래를 보는 사람들'은 자명한 이야기를 하는 사람들이다. 영화 〈엔칸토〉에서 마을 사람들이 미래를 본다고 무서워하는 브루노 삼촌은 어떤 사람이 나중에 배가 나올 것이라거나 대머리가 될 거라는 그저 일반적인 노화를 이야기했을 뿐인데 사람들은 실제로 그렇게 되자 그가 미래를 보는 사람이라고 한다. 어쩌면 그는 매우 과학적이 사람이어서 자신이 관찰한 것들을 체계화해서 예측했을 뿐이다.

그런 면에서 과학자들은 진정으로 미래를 보는 사람들이다. 그들은 사람들이 탄소 배출을 계속 많이 하면 기후가 변화해서 앞으로 위기를 맞을 것이라고 예언하는 사람들이다.

또한 성실하게 인생을 살고 중년을 넘어서며 가지게 된 통찰이 미래를 볼 수 있게도 해 준다.

테드 창의 소설 「네 인생의 이야기」에서 주인공이 미래까지 통째로 인생을 볼 수 있는 능력을 갖게 되는데, 나에게는 이것이 초능력으로 보이지 않고, 인생을 성실히 살다 보면 언제부터인가는 자신에 대한 큰 그림과 방향을 볼 수 있게 된다는 은유로 읽힌다. 일단 자기 인생의 전체 그림을 파악한 사람은 선택에 거침이 없다.

점 잇기를 하다 보면 초기에는 전체 그림이 무엇인지 감을 잡을 수 없지만, 어느 정도 이상을 잇다 보면 아직 끝나지 않았어도 그 그림이 무엇인지 알게 된다. 그러기 위해서는 먼저 경험이 많아서 그림의 정보를 어느 정도 알아야 하고, 다음에는 정체를 특정할 수 있는 부분까지는 점이 충분히 이어져야 한다. 그래서 미래를 보려면 인생을 성실히 살고 어느 정도의 나이를 지나야 한다는 전제가 붙는다.

어린아이들의 점 잇기 그림은 점도 많지 않고 경험이 많지 않아서 밑그림 힌트까지 주어야 하지만, 성인들은 이미 선제 지식이 있어서 더 많고 복잡한 점도 쉽게 잇고 정체를 파악한다.

즉, 지혜롭게 나이 든 사람들은 덜 완성된 그림의 정체와 완성될 미래를 예측할 수 있다.

인간에게 가장 확실한 미래는 죽음이다.

픽사 애니메이션 〈업〉의 백미는, 오프닝에서 같이 나이 들며 늙어간 부부 칼과 엘리의 일생을 아름답게 축약한 장면이었다. 이 영화는 내 인생도 짧은 필름으로 줄인다면 어떤 그림이 나올지 상상하게 만들었다. 평생 사랑했던 엘리가 죽고, 칼은 그녀의 빈자리를 보며 슬픔을 삼킨다. 나도 눈물을 흘리며 그의 상실을 공감했었다.

영화에서뿐 아니라 실제에서도 모든 생물은 일정 시간을 살고 세상을 뜬다. 따라서 자신의 인생도 당연히 그럴 것이라는 예측을 할 수 있다. 그러나 이상하게도 사람들은 누구에게나 예외 없이 닥치는 죽음을 안 본 척, 못 본 척한다. 자신은 물론이고 배우자도 가족도 친구도 죽을 리가 없다고 생각한다. 그래서 책이나 영화나 예술 작품을 통해 죽음을 간접적으로 체험하는 일이 필요하다. 영화를 통하면, 칼이 엘리가 세상을 뜨고 난 후에 느낀 침대의 빈 옆자리나 식탁의 빈 앞자리의 허전함을 우리도 미리 느껴볼 수 있다. 미래를 볼 수 있는 것이다. 누가 어떤 일로 먼저 세상을 뜰지는 아무도 모르지만, 우리 중 누군가는 반드시 민지 세상을 떠난다. 이때 남겨진 자들이 느낄 상실감과 허전함이 클 것이고, 그렇다면 이들과 함께한다는 것이 얼마나 행복한 일인가를 미리 알 수 있다. 그 영원한 허전함은 옆자리의 배우자나 친구가 한 사소한 실수를 덮고도 남을만한 크기이다. 만일 아직 상대방은 아직 그것을 못 깨달을 시점이라고 해도, 나중에 남을 자의 눈빛으로 그들을 바라본다면 그들도 결국 그 마음을 느낄 수 있다.

그러니 나는 나이가 들면서, 현재의 힘든 점에 연연하지 않고 옆에 있는 사람들에게 다정하게 대하려고 한다. 나에게는 자신이 없을, 혹은 그들이 없을 미래가 보이기 때문이다.

마음의 한 줄

가장 확실한 미래는 죽음이다. 그래서 나는 떠나기 전 가까운 사람들에게 다정하게 대하려고 한다.

영혼의 구슬
자신의 흠결 받아들이기

나는 동화와 영화를 보고 텍스트에서 심리학적 상징을 찾고 분석하는 공부를 오랫동안 해 왔다. 이런 작업이 무의식을 객관적으로 이해하는 데 도움이 되었다.

한편 나의 개인적인 무의식을 이해하기 위해서는 다른 노력이 필요했다. 이를 위해서 내가 꾼 꿈의 내용을 심리학적으로 분석해야 했다.

꿈은 꾸고 나서 시간이 지나면 금방 잊어버리기 때문에 침대 옆 협탁에 노트를 두고 깨자마자 잊기 전에 써 놓는다. 그것을 읽으며 시간을 두고 의미를 곰곰이 생각한다.

나의 꿈 이외에도 가족이나 친구의 꿈도 듣고 해석해 줄 때도 있다. 그러나 모르는 사람의 꿈은 다루지 않는다. 그 사람의 삶과 태도를 모르는 경우 해석은 점쟁이의 해몽에 불과하기 때문이다.

다음은 어느 날 내가 꾼 꿈이다.

"중국에 단체 여행을 간 듯하다. 큰 연못이 있는데 현미경으로 보았던 시커먼 짚신벌레 같은 형태의 큰 벌레 여러 마리가 연못을 덮고 있다. 더러워 보여서 긴 잠자리채 같은 도구로 그 벌레를 걷어냈다. 그 장면을 보고 어떤 중국 사람들이 쫓아와서 화를 내며 내가 들고 있는 장대를 빼앗고 못 하게 한다.

중국 말을 못 해서 어이없어하며 영어로 항의하지만, 그들은 내 말을 알아듣지 못한다. 다시 한국 사람 없냐며 우리말로 질문하자, 한사람이 나서서 통역해 주겠다고 한다. 그들은 벌레가 하천에 유익하고 물이 너무 깨끗한 것은 좋지 않은 일이라고 말했다고 통역자가 전한다. 그 말을 듣고 의미를 받아들이며 내 행동을 사과하고 돌아온다."

꿈은 무의식에 있는 메시지를 현실과는 다른 흐름과 문법 속에서 상징으로 전한다. 무의식은 말 그대로 우리가 의식하지 못하지만 우리 안에 존재하는 부분인데, 꿈은 이것을 논리적이지 않은 방식으로 전달하기 때문에 주의를 기울여 의미를 파악해야 한다.

꿈속의 연못 물은 내 마음의 은유이고, 깨끗하지만은 않다. 검은 짚신벌레로 표현된 어두운 생각들을 자아가 의식적으로 없애려고 노력하지만, 무의식은 그것도 다 나의 일부분이니 인정해야 한다고 말한다.

또 하나 자세한 내용은 잊어버렸지만, 선명히 기억나는 장면은 내가 커다란 에메랄드 반지를 끼고 있는데 알이 엄청나게 컸고, 선명한 초록색을 띤 직사각형 모양이었다(대부분의 꿈은 무채색이고, 유채색 꿈을 꾸면 인상적이어서 기억이 오래간다). 꿈이지만 에메랄드가 비싸다는 것을 알기 때문에 이게 내 것이라는 게 부담스러웠다. 자세히 보니 한쪽에 내포물이 있어서 최상급의 보석은 아니다. 오히려 안도감을 느꼈다.

보석은 심리 분석에서 보통 '자기'를 나타낼 때가 많다. 자기는 그 사람의 중심 가치이다. 꿈속인데도 선명한 초록색이 아주 마음에 들었고, 그 색이 나를 잘 표현하는 것으로 느껴졌다. 그러나 사이즈가 너무 크니 자신의 깜냥을 아는 사람으로서 부담스러웠는데, 내포물이 들어 있는 것을 보고 오히려 안심한다. 나를 표현하는 그 보석이 아름답지만, 불순물이 있어서 완벽한 가치를 가지지는 못한다. 즉, 나는 스스로는 충분히 가치 있지만, 세상에서 인정할 만한 대단한 사람은 아니라는 의미이다.

두 꿈 다 깨끗함이나 대단함과는 거리가 멀고 오히려 나에게는 오염과 불순물이 있다는 의미로, 이제는 그 메시지를 편안하게 받아들인다.
돌이켜 보면 젊은 날에는 과하다 싶을 정도로 결벽성이 있어서 괴로웠던 반면, 나이 들어가면서 모자란 점을 인정하고 받아들이니 편안해지고 남들에게도 엄격한 잣대를 들이대지 않게 되었다.

페르시아에서 훌륭한 무늬를 넣어 카펫을 짜는 장인들은 일부러 카펫에 흠을 한 곳 만든다고 한다. 이것을 '페르시아의 흠'이라고 한다. 완전하다는 것은 신의 영역이고 인간은 실수가 있기 마련이라는 겸손의 의미이다.

같은 의미로 인디언들은 구슬 목걸이를 만들 때 일부러 깨진 구슬을 하나 넣는다고 하는데 이를 '영혼의 구슬'이라고 부른다.

자기가 완전하다고 생각하는 것은(실제로 그럴 수도 없겠지만) 오만하다는 의미이다.

이제 결점과 오점도 겸손하게 받아들일 수 있으니 나이 드는 것도 나쁘지만은 않은 것 같다.

> **마음의 한 줄**
>
> 노년에는 자신의 부족함이나 어두운 면까지 받아들이고, 자기의 중심에 도달해야 한다.

성찰 노트

1. 인생의 시간 흐름을 어떻게 느끼고 있나요?

2. 지금까지의 삶에서 가장 의미 있게 기억되는 순간은 언제였나요?

3. 죽음을 의식할 때 가장 소중하게 느껴지는 일은 무엇인가요?

4. 나의 버킷리스트는 무엇인가요?

5. 버킷리스트 중 지금 당장 시작할 수 있는 일은 무엇인가요?

6. 내가 완벽하지 않다는 것을 인정할 때 어떤 것이 자유로워지나요?

7. 남은 시간 동안 무엇을 더 줄이고 무엇을 더 깊게 누리고 싶나요?

4부

노년의 겨울

가까운 이들과의 이별, 그리고 마무리

이제는 가까운 사람들을 떠나보내고,
남기고 싶은 나만의 이야기를
기록할 때이다.

9. 부모님과의 작별 인사

9. 부모님과의 작별 인사

부모의 부모 되기

예전부터 아꼈던 조카가 쌍둥이 아기들을 낳았다. 아기들이 순하고 잘 웃고 예뻐서 사진이나 동영상을 보면 저절로 웃음이 나고 시간 가는 줄 모를 정도이다. 생각해 보면 결혼 전에는 아기들을 특별히 예뻐하지 않았지만 내 아이들이 생기고 나서는 나도 아이들을 부모로서 최선을 다해 사랑하며 키웠다. 아이를 양육하는 일이 매우 힘든데도 사람들이 기꺼이 그 일을 하는 걸 보면 유전자의 힘이 대단한 것 같다. 힘든 것도 잊어버릴 수 있을 정도로 아기들은 거부할 수 없는 미소를 보여 주고 부모가 쏟아부은 에너지가 아깝지 않게 나날이 성장하며 혼자 살아갈 능력을 갖추어간다. 최소한 내 희생이 쓸모없다는 생각이 들지는 않는다.
옛말대로 '내리사랑'이다.

한편 어른이 되고 중년이 된다는 것은 부모가 늙는다는 의미이다. 부모의 사랑과 지지로 성장한 내가, 이제 부모를 도와야 할 때가 왔다. 그런데 은혜 갚는 일이 생각처럼 쉽지 않다. 부모는 예쁘게 웃지도 않고, 날이 갈수록 능력도 떨어져서 점점 더 의존하고, 게다가 고집도 세서 남의 말도 안 듣는다. 더 요구하면서 고마워하지도 않는다.
결국 부모를 도와드리는 일은 기쁘게 하는 일이 아니고 의무감을 가지고 하는 일이 된다.

부모님과의 마지막 몇 년 동안 지치고 힘들 때 책을 읽으며 마음을 다스렸다.
일본 철학자 기시미 이치로는 자신의 저서 『우리는 결국 부모를 떠나보낸다』에서 "나이 든 부모를 사랑할 수 있는가?"라고 질문한다. 대답하기 어렵다. "그렇다"라고 말하면 위선자 같이 느껴진다. "아니다"라고 말하면 죄책감이 느껴진다. 그러나 그는 나이 든 부모들도 함께 나이 들어가는 자식들이 어렸을 때처럼 열렬히 자신을 사랑하기를 바라지는 않을 것이라고 말한다. 그는 실제로 나이 든 아버지를 돌아가실 때까지 보살폈는데, 매일 아침 자신의 집 근처에 있는 아버지 집에 가서 종일 끼니를 챙겨 드리고 집안일을 해 드리고 그 집에서 책 읽고 글도 쓰는 등 자기의 일도 하였다. 실제로 아버지와 다정한 대화를 한다거나 하는 경우는 많지 않았고 그가 머무는 대부분 시간에 아버지는 낮잠을 잘 때가 많았다. 실망하여 잠만 자는 아버지에게 자신이 하는 일이 무슨 의미가 있는지 질문했을 때, 아버지는 아들이 늘 자신의 곁에 있어 주었기 때문에 자신이 불안해하지 않고 편안히 잠잘 수 있는 거라고 대답했다.
그는 유난스럽게 부모에게 무엇을 해 드리는 것이 아니라 부모가 필요할 때 자식들이 언제라도 도와줄 거라는 것을 부모가 느껴서 불안해하지 않게 만드는 것이 중요하다고 조언한다.

융 심리학자이자 신부이기도 한 오이겐 드레버만은 나이 들어서 신체도 기억도 불완전하고 고집까지 부리는 부모를 '한때는 너무도 아름다운 건축물이었으나 시간이 가면서 허물어져 흔적만 남은 폐허'라고 생각하라고 하였다. 그리고 아름다웠던 건물을 기억할 수 있는 건 오직 자식들뿐이라고 하였다. 그래서 나이 든 부모가 때로 비합리적이거나 힘든 요구를 할 때 휘둘리지 말고 "부모가 만일 과거의 맑은 상태라면 이런 요구를 했을까?"를 생각해서 거절하거나 현재의 요구와 그것을 절충해서 결정하라고 하였다.

부모님의 무리한 요구가 힘들 때마다 셰익스피어의 『리어왕』을 떠올렸다. 물론 셋째 딸 코델리아에 감정이입을 했다. 성인이 된 자식은 자신의 인생을 살아야 하고 새로운 가족에게 사랑과 에너지를 나누어야 하므로 부모에게 어릴 적 보여 주었던 헌신이 줄어들 수밖에 없는데 그것을 이해하지 못하는 리어왕은 참으로 한심해 보였다.
그러나 철학자 로버트 노직은 그의 지서 『성찰하는 삶』에서 다른 깨우침을 준다.

아버지가 딸들에게 자신을 얼마나 사랑하냐는 질문을 받았을 때 코델리아는 냉정하게 남편에게 나누고 남은 만큼밖에 없다고 대답하여 리어왕을 실망하게 한다. 리어왕에게 쫓겨난 코델리아는 프랑스 왕과 결혼해서 살지만, 두 언니에게 버림받고 황야에서 방황하는 아버지 소식을 듣고 당장 아버지를 돕기 위해 달려온다. 리어왕은 이기적이고 고집 세고 비이성적인 존재다. 한마디로 불완전한 노인의 전형이다. 하지만 결국은 딸은 그 모든 약점을 받아들이고 사랑하는 아버지를 위로하기 위해 온다. 아버지의 부모 노릇을 하기 위해 달려온다. 마침내 리어왕은 구원받는다.

노직은 인간의 최고의 성숙단계는 이렇게 자식이 부모의 부모가 되는 단계라고 한다.

이제는 나도 그것이 무슨 말인지를 이해한다.

> **마음의 한 줄**
> 내리사랑은 자연스럽지만, 치사랑은 노력해야 한다. 약해진 부모님의 부모 노릇을 하는 것이 인간의 최고 성숙단계다.

책가방을 든 아버지
내 마음에 각인된 아버지의 모습

아버지는 유교 문화에서 자라신 분이어서 요즘 아빠들처럼 자식들과 언어적 소통을 많이 하시는 분은 아니었다. 그러나 할아버지가 워낙 엄하셔서 자식들을 야단을 많이 치셨다고 하고, 막내였던 아버지는 그런 방식이 무섭기도 하고 싫었다고 하셨다. 나중에 자신의 자식들은 절대로 혼내지 않고 따뜻하게 품어 키우겠다고 결심하셨다고 한다. 실제로 우리가 자랄 때 엄마에게는 야단을 많이 맞았지만, 아버지께 야단맞았던 기억은 거의 없다.
말은 없으셨지만 우리 4남매에게 다정한 모습을 자주 보여 주셨다.

어릴 적 아버지에 대한 기억은 저녁 퇴근할 때 아버지 손에 들려 있던 두툼한 봉투였다. 거의 매일 빠지지 않고 아버지는 우리 형제들에게 간식거리를 사다 주셨다. 엄마는 빠듯한 살림 하느라 식사는 정성껏 마련해 주셨지만 그 외의 간식은 전혀 사 주지 않으셨었다. 그것을 아는 아버지는 저녁마다 소소하게는 센베라고 불렸던 일본 과자, 그 당시는 귀했던 귤, 나무상자에 든 중국집 군만두, 가끔은 귀했던 전기구이 통닭까지 늘 무언가를 손에 들고 귀가하셨다. 철없는 마음에 아버지보다 손에 든 봉투에 무엇이 있을까가 늘 궁금했었고 나만 닭 다리를 먹겠다고 떼를 쓰다가 오빠에게 혼나기도 하였다.

또 아버지는 직장 회식 후에는 자식들이 마음에 걸려서 우리들을 데리고 나가셔서 불고기를 사 주시기도 하셨다. 구멍 송송 뚫린 원뿔형 쇠판에 구운 달달한 불고기와 국물에 비빈 밥은 정말 맛있었다.

이제는 나와 아버지 둘만의 관계에 관한 이야기이다.

부모는 모든 자식을 공평하게 대해야 하지만, 부모가 각각의 자식들에게 둘만 가지는 특별하고 개별적인 경험을 주는 것도 자식의 인생을 의미 있게 만든다고 생각한다. 심리학적으로도 경험의 평균보다는 최고 경험과 마지막 경험이 가장 기억에 남는다고 하는데, 나도 '아버지' 하면 떠오르는 최고의 기억이 있다.

나는 학창 시절 공부를 잘하는 편이었는데 아버지는 그것을 자랑스럽게 생각하셨다. 그러나 아버지는 내가 고등학교 시절에 퇴직하셔서 집안이 경제적으로 어려워졌다. 아버지는 과외를 시켜줄 여유가 없는 것을 미안하게 생각하셨다. 솔직히 나는 튼튼한 편이 아니어서 학교 수업 후 또 다른 교육을 받을 체력도 없었고, 학교 수업만으로도 정말 충분했기 때문에 미안해하지 않으셔도 된다고 진심으로 말씀드리고 싶다.

고3 때는 하교 후 독서실을 다녔다. 독서실은 우리 집에서 큰길을 건너야 하고 15분 정도 걸리는 거리였다. 별로 위험한 길도 아니었는데도 밤 10시가 되면 독서실 정문 앞에 어김없이 아버지가 기다리고 계셨다. 화려한 감정표현은 없으셨지만, 말없이 따뜻한 얼굴로 내 책가방을 받아 들으시고 나와 집까지 나란히 걸으셨다. 1년 동안 한 번도 빠짐 없이 진행된 루틴이었다.

지금도 초등학교 하굣길에서 엄마들이 자녀의 가방을 대신 들고 아이와 나란히 귀가하는 모습을 볼 때마다 아버지 생각이 나서 울컥하곤 한다. 그 시간으로 돌아간다면 피곤한 티 내지 않고 아버지 팔짱이라도 끼고 도란도란 학교 이야기라도 할 텐데 그때는 퉁명스러운 수험생이었고, 지금은 하고 싶어도 아버지가 안 계신다. 그러나 단발머리 소녀였던 나와 책가방을 든 아버지가 나란히 걷는 뒷모습은, 내 마음에 영원히 각인되어 있다.

> **마음의 한 줄**
> 누구에게나 부모님과 단둘만의 추억이 있다. 그것만으로도 모든 섭섭함을 누르고 부모님을 이해하고 사랑할 수 있다.

엄마의 피아노가
마음에 들어왔다

부모님이 90세가 넘으면서 그전에 영위하시던 형태의 생활이 불가능해졌다. 전보다 더 자주 드나들며 두 분을 살펴드려야 했다. 전에는 마음 내키는 대로 가서 즐겁게 놀아 드리는 차원이었다가 이제 내가 없으면 부모님 생활이 돌아가지 않는 상황이 되니 마음이 무거웠다.
엄마는 독립적인 분이라 예전에는 나에게 부담을 주지 않으려 노력하셨지만, 이제는 나에게 모든 것을 의지하셨다. 나이 들어 약해지신 부모님이 불안해하지 않게 편안히 생활할 수 있게 도와드리려고 정기적으로 방문하고 식품과 생필품과 약이 떨어지지 않도록 신경을 썼다.

그러나 이런 것들보다 힘들었던 것은 엄마가 연세가 드시면서 고집도 세지고 주변 사람들을 마음대로 휘두르신 점이다. 젊을 때 아버지에게 큰 소리 한번 안 내던 엄마는 아버지에게 당신 마음을 몰라주신다고 매일 잔소리하며 불평하셨다. 어떤 때는 아버지의 청력이 나빠져서 잘 안 들리게 된 것이 다행이라고 생각될 정도였다. 나에게도 마찬가지여서 정성껏 반찬을 만들어 가면 먹기 싫다고 가져오지 말라고 하셨다가, 안 가져가면 먹을 것도 없는데 아무것도 안 해 왔다고 비난하셨다.

또 부모님 집에 가서 짧은 시간 동안만 있는다고 생각하고 나에게 무심하다고 화를 내셨다. 우리 집이 먼데도 왕복 시간은 전혀 고려하지 않으셨고 부모님 드실 음식 만드느라 보낸 시간, 음식 사다가 드리느라 식당에 간 시간, 식료품 사느라 슈퍼에 간 시간도 생각하지 않으셨다. 병원에 가서 약 받고, 재가 요양 승인을 위해 의사 의견서를 받으러 가고 동분서주하는 것은 엄마에게 보이지도 않으니 아예 없는 일이었다. 그저 더 자주 와서, 오래 있다 가지 않는다고 섭섭해하셨다. 심지어는 너희들만 잘 살면 그만이냐고 원망하시며 죄책감을 자극하셨다.

부모님이 아직 움직이실 수 있을 때는 점심때 외식을 했었다. 나에게는 혼자 운전해서 연로하신 두 분을 차에 모시고 다니며 부축하기도 쉽지 않은 일이었고, 빈번한 외식이 경제적으로도 부담이 되는 일이었다. 그러나 엄마는 이런 비용은 생각도 안 하시고, 그저 직접 드리는 용돈만 내가 경제적으로 부담하는 전부라고 생각하셨다.

주변에 엄마가 아시는 분들에게는 효자 효녀가 넘쳤다. 엄친아 엄친딸들이 자주 꽃구경, 단풍 구경시켜 드리고, 디니시는 질에 사주 보시고 온다고 하셨다. 내가 하는 노력은 엄마의 성에 차지도 않았다. 24시간 엄마만을 위해서 같이 살지 않는 한, 아무리 노력해도 엄마의 마음에 들 수는 없다는 걸 깨달았다. 맞다. 나중에는 이런 엄마 보살피는 일이 너무 지치고 힘들었다.

말년에 좋은 요양사님이 오시게 되어 함께 도와가며 부모님을 보살펴 드리니 한결 수월해지기는 했다. 무엇보다 엄마의 잔소리에 우울해하시던 아버지가 정상적으로 대화할 수 있는 상대가 있으니까 마음이 밝아지셨다. 매일 끼니를 챙겨 드릴 분이 옆에 있고 어떻게 지내시는지 이야기도 들을 수 있으니 안심이 되었다. 그러나 엄마가 이제는 당신만 생각하고 너무 이기적으로 변하셨다. 젊었을 때 우리를 위해 희생하시던 엄마는 이제 안 계신다는 사실을 받아들여야 했다.

그러던 어느 날, 요양사님에게 들은 이야기가 과거의 엄마를 불러왔다.
어릴 때 나는 음악을 좋아했고 그때 가장 갖고 싶었던 것이 피아노였다. 그러나 먹고살고 교육할 수 있을 정도의 형편이었던 우리 집에 피아노는 사치였다. 초등학교 때 이웃의 어떤 집에서 피아노를 처분한다고 해서 중고 피아노를 살 기회가 있었는데, 나는 엄마가 그것을 사 주기를 간절히 바랐다. 하지만 엄마는 결국 고심 끝에 사 주지 않았고, 미안해서였는지 피아노 학원을 몇 달 보내 주셨다. 남들보다 훨씬 빠른 속도로 배웠지만 연습할 피아노가 집에 없으니 한계가 있었고 결국 그만두었다.
대학 졸업 후 직장에 들어가서 월급으로 제일 먼저 산 것이 피아노였다. 다시 레슨을 받으며 퇴근 후 매일 피아노를 두드렸다. 그리고 결혼 후 아이들이 태어나자 아주 어릴 때부터 피아노를 가르쳤고 아이들과 동요를 듀엣으로 연주하기도 하고 집에서는 늘 피아노 소리가 그치지 않았다. 아들들은 지금도 피아노를 꽤 잘 친다. 그 정도로 나에게 피아노란 이루지 못했던 어릴 적 소망의 상징이다.

그런데 엄마가 나 보다도 더 과거의 그 일을 마음에 담고 있었다는 것을 알게 되었다. 그날도 이 늙은 막내딸은 부모님 댁에 가서 아버지가 좋아하신다는 노래를 불러드리며 재롱을 떨었다. 부모님도 즐거워하시고 요양사님도 따님이 노래를 잘한다고 칭찬하셨다. 내가 집에 돌아간 후, 엄마가 눈물을 흘리면서 음악을 잘하던 딸에게 어릴 때 피아노를 사 주었어야 했다고, 그렇게 못 해서 정말 미안하다고 울면서 말씀하셨다고 한다. 또 당신이 손자들을 봐주지 못해서 딸이 직장을 그만두게 해서 미안하다는 말씀도 하셨단다.

엄마가 빠듯한 살림에 자식들을 모두 최고 교육까지 시키기 위해 최선을 다하셨다는 것을 잘 알면서도, 한편으로는 원망하던 어린 시절의 구멍이 메워지는 순간이었다. 그 말을 전해 듣던 날, 어릴 적 못 사 주신 엄마의 피아노가 마음에 들어왔다. 내가 나중에 어른이 돼서 산 피아노로는 절대 채워지지 않았던 공백이 메워졌다.

아들들에게는 바라지도 않으면서 딸에게만 많은 것을 요구하신다는 불공평함에 대한 분노와, 아이들이 어릴 때 놀봐주지 않으셔서 직장을 그만두게 되었다는 서운함까지 싹 가시는 순간이었다. 엄마는 그 일을 잊지도 않았고, 무거운 돌덩이를 계속 마음에 담아두고 계셨었다. 이제 엄마가 아무리 엉뚱한 이야기를 하며 나를 힘들게 해도, 엄마의 진심을 이해하기로 마음먹었다.

> **마음의 한 줄**
>
> 자식은 과거에 부모가 무심했다고 원망하지만, 부모도 그때의 일을 잊지 않았다. 부모는 끝까지 마음에 돌덩이를 담고 있다.

엄마도 젊을 때 놀았어야 했다
균형 찾는 마음

가끔 티브이에서 치매 노인의 일상을 담은 다큐멘터리를 방영할 때가 있다. 보는 각도에 따라 모시는 자식이 얼마나 당혹스럽고 힘든지, 그들의 뇌에서 무슨 일이 벌어지는 건지, 퇴화를 늦추려면 치매를 어떻게 발견하고 무슨 약을 먹고 어떤 운동을 해야 하는지 등등 관심을 달리해서 볼 수 있다.
내가 관심을 갖는 측면은 노인이 치매로 정서적 통제력을 잃었을 때 보이는 젊었을 때와 다른 행동과 마음의 표현이다.

딸들이 번갈아 가며 돌보는 한 할머니는 젊었을 때 점잖고 큰소리 한번 치지 않고 자식을 키웠던 고운 분이었는데 치매가 심해지면서 심한 욕을 입에 달고 살게 되었다. 자식들은 어릴 적 어머니의 모습을 생각하고 당황하지만, 심리학적으로 볼 때 너무 고운 말만 한다는 것은 어두운 부분을 많이 억압했다는 뜻이다. 남에게 대들고 싸우는 것을 힘들어하는 여성이 유교적인 사회 분위기와 가정 분위기에서 살며 생길 수 있는 일이다. 남편 역시 조용하고 온화한 아내를 원하고 장려했으니 자기를 조절할 수 있는 시기까지는 남들의 기대에 맞춰 조용히 고운 말만 하는 삶을 살았을 것이다. 그러다가 치매로 뇌가 절제하는 기능을 잃자 눌렸던 부정적인 마음이 한꺼번에 쏟아져 나온 경우이다.

비슷하지만 위의 사례가 부정적 에너지가 딸들에게 향한 경우라면, 다른 할머니는 유난히 남편에게 심한 말과 폭행까지 한 경우이다. 이분은 판사까지 지낸 사회적 지위가 높은 남편이 과거에 늘 잘난 척하고 명령하고 자신을 무시했지만, 묵묵히 참고 가정을 지켰었다. 나이 들어 치매 증상이 생기면서 남편에게 욕설과 손찌검을 일삼게 되어 남편을 놀라게 했다.

다른 사례는 교양 있는 할머니로, 젊을 때는 딸보다 며느리에게 더 잘해주고 며느리 흉은 한 번도 본 적이 없었다. 치매 증상이 생기자 만나는 사람들에게 며느리 흉을 보기 시작했고 적대적으로 행동해서 나중에는 다른 자식들이 어머니를 며느리와 못 만나게 할 정도가 되었다.
과거 시어머니들은 자신이 과거에 당했던 시집살이의 고난을 며느리에게 똑같이 되돌려주며 마음의 어두운 면을 해소했었다. 이분은 건강했을 때는 그것이 불합리하다고 생각해 며느리에게 부정적인 말은 전혀 하지 않고 지나치게 억압했다. 그러나 치매로 통제 기능이 약해지자 터져 나온 경우라고 생각된다.

우리 시어머니는 알뜰하셔서 살림하실 때 맛있는 반찬은 항상 가족에게 양보하고 남은 음식은 아까워서 드시면서 늙으셨다. 후반기에 인지력이 나빠진 이후에는 본인이 싫은 음식은 드시지 않겠다고 거부하셨다. 자식들이 시간을 들여 정성껏 만든 음식도 입맛에 맞지 않으면 드시지 않았고 예전이라면 하지 않았을 심한 음식평도 하시고는 했다. 밥상에서 당신이 좋아하는 것만 골라 드시고 맛이 없으면 안 드셨다.

이제 우리 엄마 차례이다.
엄마는 젊은 시절 4남매 교육시키느라 놀러 다니는 것은 꿈도 꾸지 못하고 지내셨다. 노년이 되어 세상을 보니 물질적으로 풍요하고, 재미있는 활동도 많고, 놀러 갈 만한 경치 좋은 곳도 많다고 느끼셨다. 연세가 들고는 예전에 노래와 춤을 못 배운 것이 아쉽게 생각되었고, 사람들과 어울리는 것을 즐기셨다. 젊은 사람들도 사느라 힘들다는 생각은 잠시 들 뿐, 젊을 때 자식들을 위해 희생했는데 자식들은 당신을 추켜세워 주고 재미있게 해 주지 못한다고 생각하고 화를 내셨다.

단기간이라면 좋은 말만 할 수 있다. 며칠이라면 맛없는 음식만 먹을 수 있다. 잠시라면 상대방을 이해하고 좋은 생각만 할 수 있다. 몇 년 정도면 자기 취미 생활 없이 다른 사람들만을 위하여 시간을 쓸 수 있다. 그러나 누구도 인생의 전부를 그렇게 살 수는 없다. 누구도 평생을 참을 수는 없다. 마음은 균형을 찾기 때문이다.

욕쟁이 할머니들도 젊어서 속상할 때 자식이나 남편에게 조금씩 소리치고 화를 내셨어야 했다. 다른 할머니도 며느리가 미워 보일 때 딸에게라도 조금씩이라도 흉을 보셨어야 했다. 시어머니도 매번 남은 음식 말고 몰래 부엌에서라도 혼자 맛있는 걸 조금씩 드셨어야 했고, 우리 엄마도 일만 하지 말고 가끔 놀러 다니며 하고 싶었던 일을 했었어야 했다.

어린 왕자가 자신의 작은 행성에 있는 몇 개의 휴화산을 돌며 분화구를 매일 청소하는 이유는 평소에 잘 청소해서 연기를 조금씩 빼지 않으면 막혀서 나중에 크게 폭발할 위험이 있기 때문이다. 평생 해야 할 일만 하고 솔직한 마음을 억압하면, 마음은 균형을 잃고 폭발한다.

심리학에서는 착한 사람이 되라고 하지 않는다. 균형 잡힌 마음을 가진 사람이 되라고 한다.

> **마음의 한 줄**
>
> 의식이 통제의 힘을 잃는 순간에는 그림자가 전면으로 나온다. 젊을 때 그림자를 받아들이고 조금씩 표현하면, 노년에 그림자를 다스릴 수 있다.

부모님의 집을 정리하다
마음에 저장하기

부모님은 강동의 한 아파트에서 오랜 세월을 지내셨다. 엄마는 원래 깔끔하시고 꼼꼼하셔서 본인의 살림을 잘 정리하던 분이었다. 그러나 기력이 떨어지고 본인이 살림을 놓게 되시는 순간이 왔다. 마지막 몇 년은 요양보호사님과 내가 두 분을 전적으로 도와드렸지만, 한계가 와서 결국 요양원에 들어가시게 되었다.
요양원에 들어가시기까지의 결정 과정이나 요양원 알아보기, 요양원 입소 서류 구비 등 복잡한 일이 끝나자 부모님이 사시던 집을 비우고 정리해야 하는 더 복잡한 단계가 왔다.

90여 년을 살아오신 분들의 물건들은 특별히 비싼 것은 없더라도 모두 두 분의 손때가 묻어 있는 것들이었다. 거기에 들어 있는 기억과 감정이 물건과 분리가 되지 않았다. 그것들을 분류하는 작업은 부모님의 인생을 소환하며 내 감정을 흔들었고, 대부분을 버릴 때는 부모님의 일생을 부정하는 것 같은 죄책감이 몰려왔다. 오빠들은 멀리 있거나 일이 바빠서 결국은 혼자 해야 했는데, 그때의 감정 소모는 이루 말할 수가 없었다. 형제들끼리 모여서 같이 정리하며 물건에 얽힌 추억도 이야기하고 나누어 가져갈 것은 가져가고 버릴 것은 버려야 하는데, 혼자서 이걸 다 감당하려니 너무 속이 상했다.

아버지가 노년을 바쳐서 하셨던 서예 작품이 많이 있었는데, 모두 우리 집에 가져오는 것은 무리여서 일부만을 가져올 수밖에 없었다. 예전에 나와 우리 아이들에게 써서 주신 작품이 이미 우리 집에 걸려 있어서 다른 것을 걸 공간이 없지만 내 방의 벽에라도 세워놓으려고 일부 작품을 들고 왔다. 아버지의 벼루랑 붓도 아버지 손길이 자주 가던 것이라 챙겼다. 아버지 유전자를 받은 딸인 내가 혹시 나중에 서예를 할지도 모르니 그때 써야겠다고 생각했다.

옷장을 정리해서 겨울철에 입을 옷들을 정리해서 요양원에 넣어드리고, 여름철 옷들은 나중에 갖다 드리려고 싸서 우리 집으로 가져왔다. 엄마가 옷에 관심이 많아서 가끔 나와 함께 백화점에 옷을 사러 가고 싶어 하셨으나 그렇게 해 드리지 못했었다. 그때 소원을 들어드렸어야 했다고 정리하면서 후회했다. 그러나 결과직으로 요양원에 싸다가 드린 옷들도 거의 입지 못하셨다. 거기서는 간편한 생활복을 입는 경우가 많아서 예쁜 옷들을 입을 기회가 없었다. 싸놓았던 아버지 여름옷은 가져다드리지도 못했다. 아버지가 반년 만에, 여름이 되기도 전에 돌아가셨기 때문이다.

부모님은 자식들의 앨범도 고이 간직하고 계셨다. 사진 속에서 그분들의 눈에는 아직도 어린 자식들과, 손주들이 웃고 있었다. 심지어 옛날에 받은 성적표와 상장과 임명장이 들은 박스들도 나왔다. 부모님들은 그저 종이 쪼가리에 불과한 것들을 보물처럼 간직하고 계셨다.

평생 검소하셨던 두 분은 시계와 약간의 패물을 가지고 계셨다. 아버지 시계는 큰오빠가 오면 주려고 챙겼다. 엄마 패물은 올케언니에게 주니, 반지 하나를 딸이 끼는 게 좋겠다고 도로 주셨다. 엄마가 자주 끼던 그 반지를 엄마 생각날 때 가끔 끼어 본다. 지갑과 신분증, 해외여행 때 쓰시던 여권과 아버지의 일기 노트도 챙겼다.

엄마의 부엌살림을 치울 때도 마음이 힘들었다. 낡았지만 수십 년 동안 우리에게 음식을 만들어 주셨던 식기들이었기 때문이다. 심지어 엄마가 평소에 낡은 수건을 쓰면서 새 수건을 서랍에 고이 넣어두신 것을 발견했다. 아까워서 쓰려고 가져왔지만 볼 때마다 울컥하여 나도 쓰지 못하고 넣어두었다.

사시던 집을 세놓아야 해서 중요하다고 생각되는 것들을 빼고, 덩치가 커서 가져오지 못할 것들은 결국 업체에 맡겨서 통째로 처분해야 했다. 수십 년 부모님과 동고동락하던 물건들이 한순간에 사라졌다. 엄마는 요양원에 면회 갈 때마다 살림들을 어떻게 했냐고 물으셨고, 나는 대충 얼버무렸다. 엄마에게는 그 물건들이 당신 자체였고, 언젠가는 다시 집에 돌아오셔서 그것들을 쓸 수 있을 거라 믿고 계셨는데 차마 그것들을 버렸다고 말할 수가 없었다.

그러나 생각해 보면 집을 정리하고 물건을 버린 것이 나를 힘들게 한 것이 아니다. 그것들은 비록 기억과 감정을 품고 있지만, 그냥 물건이었을 뿐이다. 정작 나를 힘들게 했던 것은 부모님을 돌봐드리는 것이 너무 힘들어져서 집에서 끝까지 보살펴 드리지 못하고 요양원에 가시게 한 것이었다. 결국 물건이 아니라 부모님을 정리했다는 생각이 들었다.
부모님이 요양원에 가시고, 동시에 두 분의 물건들도 정리하면서 느낀 자괴감과 죄책감은 아주 오랫동안 나를 우울하게 만들었다.

그러나 물건들은 버렸지만, 살아 계신 동안 부모님을 진심으로 사랑했고, 돌아가셨어도 두 분의 존재와 영혼은 영원히 내 마음에 저장했다고 스스로 위로한다.

> **마음의 한 줄**
> 집을 정리할 때는 물건이 아니라 기억을 정리하는 작업이 힘들다. 기억은 글과 마음속에 저장하기로 한다.

아버지와의 작별 인사

요양원에 들어가신 지 반년 만에, 아버지는 평소처럼 저녁을 드시고 기관지의 답답함을 호소하시다가 호흡곤란으로 응급실에 가시다가 돌아가셨다. 병원으로 가신다는 연락을 받고 달려갔으나 아버지는 이미 돌아가신 후여서 임종도 못 하였다. 불과 1주일 전에 정형외과에 모시고 갔을 때도 이런 일은 상상도 못 했었다. 요양원에서 기도의 이물질 제거 조치를 빨리했었더라면 고비를 넘기지 않았을까 하는 마음에 응급조치도 제대로 못 한 요양원을 비난했었다. 그러나 그때를 넘겼어도 연로하신 아버지가 오래 우리 곁에 머무시지는 못하셨을 거라고 생각한다.

병원에서 돌아가신 아버지를 보여 주었을 때 그 모습이 마치 평소 주무시는 듯 고요하고 편안해 보여서 한결 위안이 되었다. 차가운 아버지의 뺨과 이마와 머리카락을 어루만지며 작별을 하였다.

아비지 고생하셨어요. 안녕히 가세요.

아버지 감사하고 사랑합니다….

일제 강점기에 태어나서 어려운 시기를 거치며 우리 4남매를 키워 주신 아버지는 최선을 다해 가장의 의무를 다하셨다. 막내였던 나는 어릴 때 엄마 아버지와 같이 안방에서 잠을 잤는데 아버지가 악몽을 꾸고 가위에 눌려 소리를 지르며 깨시는 것을 자주 보았다. 그때는 무서운 생각밖에 안 들었는데 아버지가 퇴직 후에는 그런 증상이 없어졌고 젊었을 때 날카롭던 인상도 부드럽게 변하신 걸 보고 아버지의 젊은 시절 직장 생활에서 받았던 스트레스와 가장이 짊어진 무게를 짐작할 수 있었다.

아버지는 욕심도 없고 성품이 부드러우시고 남에게 싫은 소리를 잘 못하시는 분이었다. 그런데 아버지의 직업은 본인의 성격과는 반대로 해야 하는 상황이 있는 일이어서 그것을 소화하기가 어려웠다. 결국 내가 고등학교에 다닐 때 퇴직하셨다. 그 뒤에 아버지의 마음은 편안해지셨다. 괴로운데도 가족들 부양하느라 적성에 맞지 않는 직장에 그렇게 오래 다니신 아버지가 나에게는 진정한 영웅이다.

아버지는 예술적 감각도 탁월하셨다. 젊었을 때도 서예를 잘하시고 필체가 좋으셨는데 바빠서 못하시다가 노년에는 제대로 서예에 집중하셨다. 많은 대회에서 입상하셨고 많은 작품을 남기셨다.
내가 결혼할 때 아버지는 신사임당이 친정어머니를 생각하고 쓴 「사친 시」를 한자로 써서 족자를 만들어 주셨다. 사친 시는 신사임당이 서울에 있는 시댁에서 살기 위해 친정 강릉을 떠나며 부모님을 생각하는 내용이다. 결혼해서 좋아하며 남편에게 떠나가는 철없는 나와 달리, 족자에는 오히려 아버지가 딸을 떠나보내며 그리는 애틋한 마음이 이입되어 있었다. 나이 든 지금 다시 그 작품을 보면 아버지의 섭섭한 마음이 고스란히 느껴져서 눈가가 촉촉해진다. 지금까지도 우리 집 거실에는 그 족자가 걸려 있다.

아쉬운 것은 아버지 호인 '효재'의 이름을 딴 전시회를 열어드리지 못한 것이다. 경제적 여유와 시간적 여유가 없다는 핑계로 결국 살아계실 때 해 드리지 못했다. 그렇게 사랑을 주셨지만, 자식들은 결국 이기적인 존재인 것이다. 자식들은 아버지 작품을 나누어서 집에 걸었을 뿐이다. 전시회를 열어 사람들의 찬사를 받게 해 드리지는 못했지만 그래도 서예 활동이 만년의 아버지의 시간을 충만하게 만들었다는 것에 위안을 받는다.

연세가 드시고 노쇠해진 아버지를 잘 보살펴드렸는지는 모르겠다. 아버지는 말이 없는 분이라고 단정을 짓고, 부모님 댁에 갔을 때 엄마와만 이야기하고 온 것 같기도 하다. 그래도 돌아가시기 전 몇 년간 아버지랑 이야기하고 손잡아드리고 손자들도 함께 데리고 갔을 때, 아버지도 과거 어느 때보다 말씀을 많이 하시고 많이 웃으셨던 것 같다.
막내딸 안 낳았으면 어쩔 뻔했냐고 주위 분들에게 말씀하셔서 기뻤다.

돌아가시기 일주일 전 병원에 모시고 갔을 때, 아버지 손이 너무 차가워서 몇 시간이고 계속 잡고 녹여드렸다. 그때 아버지가 내 손을 여러 번 꼭 잡았다. 그것이 아버지의 작별 인사였던 것 같다.

모든 인간이 언젠가는 떠날 운명이지만, 아버지는 내가 살아 있을 때까지 내 마음 안에 계신다.

> **마음의 한 줄**
> 누구나 언젠가는 세상을 뜬다. 그러나 내가 살아 있고 기억하는 한, 아버지는 내 마음 안에 계신다.

엄마와의 작별 인사
사라진 후에도 빛을 주는 별

엄마는 요양원에서 연세는 제일 많으셨지만 조리 있게 말씀도 잘하시고 식사도 잘하셔서 좋은 컨디션을 유지하셨다. 단기 기억력이 나빠졌고 감정의 기복이 있었지만 누구와 대화를 해서도 논리적이었다. 어떤 때는 내 말의 허점도 잡아낼 정도였으니 돌봐주시는 요양사님들도 다 놀랐었다. 나도 요양원의 서비스도 살필 겸 엄마의 기도 죽지 않게 하려고 자주 방문하고 먹을 것도 나누어 드시라고 넉넉히 가져다드렸다.

그러나 입소 1년 만에, 아버지가 돌아가신 지 반년 후에, 엄마는 요양원에서 코비드에 감염되셨다. 의사가 요양원에 방문해서 백신을 단체로 접종하는 다른 요양원과는 달리 이곳은 보호자에게 개인별로 부모님을 모시고 외부 병원에서 접종하게 하는 중대한 실책을 저질렀다. 이런 경로로 일단 감염 환자가 생기니 요양사들도 연달아 감염되고 면역력이 떨어지는 노인분들에게 급속하게 퍼졌다. 그때는 코비드 환자가 너무 많아져서 병상이 모자란 시기여서 엄마는 구급차 안에서 병상을 오래 기다리시다가 체력이 더 떨어졌다. 한나절이나 대기하시다가 멀리 충청도에 있는 코로나 전담병원 중환자실로 이송되었다. 그러나 고령인 엄마는 끝내 회복하지 못하셨다. 희망이 없다는 의사의 통고를 받고 나와 오빠는 새벽에 급히 내려가서 의료진이 착용하는 방호복을 입고 온몸에 소독하고 코로나 병동 중환자실로 들어갔다.

엄마는 1인실에 작은 몸에 링거를 주렁주렁 매달고 산소마스크를 하신 채 가쁜 숨을 몰아쉬고 계셨다. "엄마!"하고 불렀지만 이미 의식이 전혀 없으신 듯 아무 반응이 없었다. 엄마 귀에 대고 우리 엄마 되어 주셔서 감사하다고, 사랑한다고, 아버지가 기다리고 계실 거라고, 우리도 나중에 가서 만나자고 말하며 작별 인사를 했다.

다음 날 엄마는 하늘나라로 가셨다.

엄마는 일제 강점기, 한국 전쟁 등 역사적으로 힘든 시기를 통과해서 살아오신 분이다.

개인적으로 자식들은 반드시 최고 교육을 시키겠다고 스스로 약속하셨고, 그것을 실제로 지키셨다. 아버지를 닮아 욕심도 없고 다소 게으른 우리 형제들이 그래도 공부를 열심히 한 것은 순전히 엄마의 소망과 정성 덕분이었다. 우리 형제들은 머리가 평균은 되었고 크게 말썽부리는 자식도 없어서 주변 사람들이 부러워하기도 하였고, 엄마는 그 부분에 자부심을 느끼고 사셨다. 나도 좋은 성적을 받았을 때 엄마가 기뻐하시는 모습이 좋아서 더 노력했던 기억이 난다.

엄마는 몸이 약했지만 열심히 가족들 뒷바라지를 하셨고 맛있는 음식을 정성껏 만들어 주셨다. 내가 제일 좋아하는 손이 많이 가는 만두도 자주 만들어 주셨다. 결혼 뒤에도 늘 만두를 냉동했다가 싸주셨다. 도시락 세대였던 우리는 엄마의 도시락 반찬이 얼마나 정성스러웠는지 안다. 친구들 반찬에 비해 종류도 다양하고 남은 반찬이 아닌 항상 새로 만든 반찬을 넣어 주셨다. 솔직히 우리 집이 잘사는 집은 아니었는데도 한 번도 결핍을 느끼지 않았던 것은 엄마의 사랑과 정성 덕분이었다.

어릴 때를 돌이켜 보면 우리 집에는 항상 친척들이 있었다. 엄마가 경제적으로 여유가 많지 않은데도 서울에 살지 않는 친척이 아파서 병원에 가게 되거나 도움이 필요할 때 우리 집에 머물게 했었다. 엄마는 그분들에게 환자 음식까지 정성껏 만들어서 대접하는 인정 많으신 분이었다.

엄마는 80대 말까지도 은행에 직접 다니시며 예산을 관리하시며 살림을 하시는 독립적인 분이셨다. 나중에 혼자서 슈퍼와 은행을 다닐 수 없어서 자식들의 도움을 받기 전까지 오랫동안 살림의 주도권을 가지고 사셨다. 마지막 1년을 요양원에 가시게 되었을 때 엄마는 과거의 자유롭고 독립적인 생활을 그리워하시며 끊임없이 요양원 탈출을 꿈꾸셨다. 엄마는 빠삐용처럼 자유로운 영혼을 가지신 분이었기 때문이다.

그때 독립적인 엄미의 상실감과 우울감이 깊다. 남자가 많은 집에서 엄마의 감정을 이해하는 사람은 딸인 나밖에 없었기 때문에 엄마는 모든 감정을 나에게 털어놓으셨다. 거기에는 부정적인 것이 아주 많았고 나도 영향을 받게 되어 힘들었다. 엄마가 서운한 생각만 하시다가 돌아가실까 봐 걱정되었다. 생의 끝자락에서 엄마가 좋았던 전성기를 기억하시기를 진심으로 바랐다.

누구나 생의 말기에 약해지면 그 사람의 정수가 희미해진다. 오이겐 드레버만은 나이 든 부모의 마음은 폐허와 같다고 했다. 한때는 너무도 아름다웠던 건축물이었지만 세월이 지나 무너지고 흔적만 남은 폐허 말이다. 그는 과거 부모의 아름다웠던 자태를 기억하는 사람은 자식들밖에 없다고 했다. 이 글을 읽고 받은 위로는 말로 다 할 수 없다. 말기에 엄마가 보인 모습 때문에 나에게 엄마가 부정적으로 기억될까 봐 무서웠을 때, 이 말이 해답이 되어 주었다. 엄마의 참모습은 마지막 모습이 아니라 전성기와 인생 전체를 통해 구현한 모습이다.

수십만 광년 떨어진 우주 속의 엄마별은 사라졌다. 그러나 멀리 떨어진 지구로 여전히 과거의 별빛이 쏟아진다. 최소한 내가 살아 있을 때까지는 아름답게 반짝인다. 하늘을 향해 망원경을 들고 일부러 그 별을 찾아 바라보는 사람은 자식밖에 없다.
엄마의 사랑과 소망을 담은 별빛이 지상에 다다를 때마다, 나는 나태하게 주저앉으려는 자신을 다잡고 남은 시간을 의미 있게 잘 살려고 노력하게 된다.

마음의 한 줄

엄마는 별이 되어서 여전히 나에게 빛을 주신다. 밤중에 그 별을 바라보고 힘을 낸다.

다음번 봄은 없다
식물이 주는 위안

봄이 되어 매화, 개나리, 진달래, 목련, 벚꽃 등 가지각색의 꽃이 순서대로 아름답게 피면 감탄하며 감상한다. 또한 그들이 차례로 져서 사라져도 내년에 반드시 다시 핀다는 것을 알기 때문에 그다지 슬프지 않다.
인간도 계절을 순환하면서 살아간다. 철 지난 계절의 옷을 집어넣었다가 다음 해 다시 꺼내 입는다. 그러나 타성에 젖어서 그 원칙이 영원히 적용될 것으로 생각할 때, 배신의 순간이 온다. 어떤 사람에게는 다음번 봄은 없고, 보관했던 옷들을 꺼내 입을 일은 다시는 없다.

논리학이나 과학에 나왔던, 'A도 죽는다, B도 죽는다, 그러므로 모든 사람은 죽는다.'라는 객관적인 귀납의 원칙이 내 가족이 세상을 떠났을 때는 잘 적용이 되지 않는다.
존재는 참으로 유한하다는 것을 깨닫게 되는 순간이다.

밖에는 봄이라 색색의 꽃들이 아름다움을 발산하고 있는데 그것을 보면서 느끼는 역설적인 슬픔은 이루 말할 수가 없었다. 생의 길이가 다를 뿐 모든 살아 있는 것들은 죽는다.
꽃들도 한때다. 인간도 한때다. 나도 한때다.
꽃도 부모님도 나도 잠깐 세상에 머무는 존재다.

젊었을 때는 몇 걸음 나가서 산이나 공원에 가면 식물이 천지인데 왜 집에 화분들을 모시고 사는지 몰랐었다. 그런데 부모님이 돌아가시고 난 뒤 존재의 허무함이 몰려와서 감당하지 못했을 때 의식하지도 못한 채 내가 제일 먼저 한 일이, 하얀 꽃을 사서 화병에 꽂고 초록색 야자수 화분을 집에 들여놓은 일이다.
상실의 시기에 식물의 흰색과 초록색은 한결 마음을 가라앉혀 주었다. 장례식장에서 흰 국화를 쓰는 이유가 다 있다는 것을 깨달았다. 비록 잠시지만 꽃이 아직 살아 있다는 사실에서 고인이 아직 여기에 머무르는 것 같은 느낌을 주고, 고인의 삶처럼 은은한 향이 느껴지고, 색이 차분해서 마음을 어지럽히지 않으니 이별 의식에 잘 어울리는 꽃이기 때문이다.
식물들을 오래 살 수 있도록 보살필 때 그들도 나를 보살피고 있다는 것을 느낄 수 있었다. 반려동물, 반려 식물에서 위안을 얻는 사람들이 그렇듯이, 인간이 그들을 보살핀다고 생각하지만 거꾸로 그들도 인간을 보살핀다. 무력한 부모님을 보살핀다고 생각했지만, 부모님이 나를 보실핀 것과 마찬가지이다.

아침에 눈을 뜨면 초록색 화분의 흙이 말랐는지 만져보고 물을 준다. 일정 시간 햇빛을 받을 수 있게 위치도 변경해 준다. 그러나 너무 오래 햇빛을 받지 않게 집안으로 들여놓기도 한다.
생화는 시원한 물로 갈아주고 시든 꽃은 골라내고 가지 끝을 잘라 준다. 과거에 관심 없이 화분들을 베란다에 방치해서 햇볕에 타게 하거나, 물을 안 주어 마르게 했던 경험에 비하면 마음가짐이 새삼 달라졌다. 생화나 1년생 식물도 있으니 그리 오래가지는 않을 것이다. 그러나 '그들이 고유하게 가진 시간 동안' 좋은 상태로 보살피고 보내는 것이 나에게도 기쁨을 주고 자연의 질서에 따랐다는 편안함을 준다.
부디 부모님도 주어진 시간 동안 잘 사시다가 편안히 가셨기를 바란다.

반려동물을 키우는 친구들에게 반려동물이 주는 위안에 대해 이야기를 많이 들었다. 그러나 나에게 지금은 식물이 주는 조용한 위로가 더 필요한 시기인 것 같다. 식물은 사람을 재촉하지 않고 조용히 존재하며 기다려 주기 때문이다. 부모님을 여읜 슬픔이 가라앉을 때까지 긴 호흡의 초록 식물과 잔잔한 색의 생화를 집에 들여놓으려 한다.

소박한 꽃과 초록 식물은 유한한 생명이지만 살아 있는 시간 동안 아름다운 존재감을 준다.
소박한 식물들을 바라보며, 사랑하는 부모님을 떠나보낸다.

마음의 한 줄

소박한 식물들을 보살피고 바라보며, 사랑하는 부모님을 떠나보낸다.

부모님과 함께한 시간의 봉인
모든 가족이 함께 있었던 세계

부모님은 떠나셨다.

잘해 드리지도 못했지만, 마지막 몇 년 동안 연로하신 두 분을 보살펴 드리는 일이 힘들지 않았다면 거짓말이다. 엄마가 때때로 상처 주는 말씀을 하셔서 몸보다도 마음이 힘들었었다.

엄마는 물건이 없어진다며 누군가가 가져간다고 하시고, 자식들이 자신을 귀찮아하며 돌보지 않으려고 한다고 비난하셨다. 논리나 세상일에 대해서는 아주 총명하셨기 때문에 심각하게 치매를 의심하지 않았으나 나중에 돌이켜보니 이런 이야기를 하는 것은 치매의 전형적인 증상들이었다. 그것을 일찍 인정했더라면 마지막 몇 년 동안 엄마의 말에 일희일비하며 힘들어하지는 않았을 것이다. 그냥 다정하게 이야기를 들어 드릴 걸 하는 후회를 많이 한다. 엄마의 말에 옳고 그름을 가리려고 하지 말고 엄마의 감정을 무조건 받아들이고 위로해 드렸어야 했다.

그러나 과거는 미화되기 마련이어서 부모님 댁에 가서 엄마와 툭탁거리며 말다툼하던 것도 이제는 그리울 뿐이다. 나이가 들었어도 부모님이 안 계신 세상은 너무도 낯설다. 상투적으로 표현하자면 부모님이 계시기만 해도 보호받고 있는다는 심리적 방패가 사라졌다. 이제는 내가 무방비로 세상 전면에 노출된다는 생각이 든다. 절대적 약자로 지내신 마지막 시간 속에서도, 부모님은 나의 보호자였고 나를 위해 기도해 주시는 분들이었다. 내가 명백하게 잘못했을 때도 네 잘못 아니라고 내 편을 들어주셨다. 부모님은 다른 사람 눈에는 대단하게 보이지 않는 나를 근거 없이 과대평가하고 무조건 잘될 거라고 축복해 주는 마지막 지지자였다.

노년에 약해지신 부모님 말고, 우리 4남매를 키우시던 젊은 시절의 부모님이 계시던 때를 기억해 본다. 우리 4남매를 사랑하고 보호하고 잘 되기를 바라시던 부모님이 계셨었다. 우리를 위해 싫은 일도 하시며 돈을 벌던 아버지와, 아껴가며 살림하시고 힘들어도 맛있는 음식을 만들어 주시던 엄마가 계셨었다. 부모님은 자식들의 성취에 얼굴이 환해지시며 기뻐하시고, 닭다리가 싫으시다며 퍽퍽 살만 드셨었다.

두 분이 현실에서 사라지시니 어릴 적 부모님의 우산 아래 가족이 완전체로 존재했을 때의 안전하고 따뜻했던 시간이 과거로 사라지는 것이 너무도 아쉽다. 어떤 형태로든 보관해서 내 안에 살려놓고 싶다. 그때의 기억을 꺼내 정리해서 대안 우주처럼 때때로 가서 놀고 놀아오고 싶다.

루이자 메이 올콧의 소설 『작은 아씨들』에서도 저자의 페르소나인 조가 소설을 쓰는 이유는 죽은 동생 엘리자베스가 살아 있는 과거를 봉인해서 그녀가 여전히 존재하는 다른 세상을 창조하기 위해서였다. 현실에서는 동생이 없지만, 그녀의 작품 속에서는 여전히 베스가 존재한다. 그것이 작가가 하는 일이고 모든 예술의 이유이다.

나도 짧은 글들이지만 부모님 살아계셨던 시간을 봉인하고 싶다. 아무도 읽지 않고 누구도 알아주지 않겠지만 그것이 나에게는 결코 흘려보낼 수 없는 행복했던 시간의 축약이다. 다시는 돌아오지 않을 시간이지만, 정정했던 부모님이 존재했던 시절이 분명히 있었다. 내가 글로 쓴 세계 속에 우리를 이끌고 사랑하시던 부모님이 여전히 계신다. 거기에 가서 대안 우주 속에서처럼 잠시 머물다가 에너지를 듬뿍 받고 현실로 돌아오고 싶다.

거기 가서 무한한 지지를 받고 오면 가슴이 따뜻해지면서 지금의 힘든 일들을 이겨낼 수 있을 것 같다. 삶이 힘들고, 자신이 보잘것없다는 생각이 들고, 나태해져서 주저앉아 있을 때 "너는 대단한 잠재력을 가진 사람이야!"라는 뜬금없는 격려를 받으면 나를 일으켜 세워서 앞으로 나갈 수 있을 것 같다.

내 인생에서 부모님께 받은 사랑과 무한한 지지의 에너지를 아이들에게도 전하고 싶다. 부모님의 은혜는 자식을 사랑하며 갚는다는 말은 전적으로 옳다고 생각한다.

우리 아이들도 다른 사람은 몰라도 부모는 자신들을 무조건 사랑하고 잘되기를 바랐다는 마음을 가졌다는 것을 알고, 때로 인생에서 어려운 일이 닥쳐도 그 기억으로 이겨낼 수 있기를 소망한다. 또 자신이 가진 무한한 잠재력을 다 펼칠 수 있도록 부모가 뒤에서 늘 기도하고 있다는 것을 느끼기를 바란다.

뒤늦게 부모의 진심을 깨달은 나처럼, 그들도 나중에 과거의 부모가 한 일을 원망하다가도 보이지 않는 부모의 더 깊은 마음에는 자신을 진심으로 사랑하는 마음이 있었다는 것을, 부모도 자식이 섭섭해하던 일을 잊지 않았었다는 것을 깨닫고 힘내서 살기를 바란다.

마음의 한 줄

글을 써서 사랑하는 부모님이 계신 세상을 만들고, 그곳으로 때때로 놀러 가서 부모님을 추억하고 싶다.

성찰 노트

1. 나에게 부모님은 어떤 존재였나요?

2. 젊은 시절 부모님을 떠올렸을 때 가장 기억에 남는 한 장면은 무엇인가요?

3. 약해진 부모님이 나에게 의존할 때 느낀 감정은 어땠나요?

4. 부모님께 미처 하지 못했던 말이나 전하고 싶은 말은 무엇인가요?

5. 부모님의 이야기를 글로 남긴다면 어떤 에피소드를 가장 쓰고 싶은가요?

6. 자신이 세상을 떠날 때 어떤 이야기를 남기고 싶은가요?

7. 삶의 유한성을 받아들인다면 앞으로 어떤 태도로 살고 싶은가요?

맺
는
글

인생을 편집하다
어떤 구슬을 골라 목걸이를 만들까?

스필버그 감독의 영화들을 좋아한다. 그는 재미와 감동을 둘 다 잘 잡는다. 그의 작품에는 걸작들이 많지만 나에게 가장 인상적인 영화는 자전적인 내용의 〈파벨만스〉이다. 그가 이미 많은 영화를 만든 후 노년에 이르러 자전적인 소재의 영화를 만든 것은, 그 내용이 가족들에 대한 것이라 그들이 상처받을 것을 염려했기 때문이었다. 결국 부모님이 돌아가신 후 영화를 만들어 공개했다.

영화 속 스필버그의 페르소나인 새미는, 엔지니어인 사고형의 아버지와 피아니스트인 감정형의 어머니 아래서 좋은 점만 이어받았다. 어릴 때부터 비디오로 영상을 찍고, 연출도 하고 편집도 하며 여러 개의 작은 영화들을 만든다.
아빠는 새미에게 편집기를 사 주며 말한다. 가족들의 캠핑을 찍은 홈비디오를 편집해 작은 영화를 만들고, 외할머니가 돌아가신 후 상심한 엄마에게 선물하고 싶다고. 아빠의 부탁에 따라 캠핑 때 찍은 필름을 자르고 이어붙이는 편집을 하다가, 새미는 엄마와 아빠 친구의 묘한 감정적 기류를 발견하게 된다. 어린 그는 충격을 받고, 일단 그 장면을 다 잘라 버린 채 무난한 장면만을 붙여 행복한 가족의 캠핑을 묘사한 작은 영화를 만든다. 상영된 영화는 가족들의 환호를 받는다. 그 후 그가 실망하여 엄마에게 냉랭하게 굴자 그녀는 화를 내고, 새미는 결국 잘라낸 부분을 엄마에게 보여 준다. 자신도 몰랐던 감정을 확인한 엄마는 처음에는 가정을 지켜보려 노력하지만, 결국 이혼해서 여동생들을 데리고 그 남자에게로 떠난다.

아빠와 둘이 남게 된 새미는 엄마가 세상에서 가장 이기적인 사람이라고 생각하고 오랫동안 미워한다.

한편, 체구가 작은 유대인인 새미는, 고등학교에서 덩치가 크고 노는 학생들에게 차별과 괴롭힘을 당한다. 그러나 영상을 만드는 재주가 누구보다도 뛰어났기 때문에 학교 축제 영상을 만들게 된다. 그는 해변에서 약간의 연출을 섞어 찍은 필름을 편집한 짧은 영화를 만들어 졸업 파티에서 상영한다. 새미는 영화에서 덩치 큰 불량배를 멋지게 편집하여 그를 영웅처럼 연출한다. 영화가 끝나자 학교에서 가장 인기 있는 여학생까지 그를 좋아하게 된다. 그는 새미를 찾아와 자기는 그렇게 멋진 사람이 아니라고 울먹이며 말한다. 그러자 새미는 "실제의 너는 쓰레기 반유대주

의자야."라고 받아친다.

이 작품은 스필버그가 자신이 어릴 때 미워하던 엄마를 예술 속에서 이해하고 화해해 보려고 만든 영화이다. 그 과정에서, 노인이 된 그는 젊은 나이 때는 이해할 수 없었던 측면들을 다시 보게 된다. 감성이 충만한 예술가인 엄마는, 이성적이고 똑똑한 아빠를 이해할 수도 없었고 그의 이해를 받지도 못해서 불행했을 것이다. 새미는 어릴 때는 미워했던 엄마를 측은하게 생각하게 된다. 나이 든 아들은 엄마도 힘들었을 것이라고 생각하게 되고 연민을 가지게 된다. 만일 이 영화를 그가 젊었을 때 만들었다면 엄마를 훨씬 나쁘게 묘사하였을 것이다.
이렇게 나이 든 사람의 마음은 과거에 용서할 수 없었던 일도 이해할 수 있게 바뀐다. 아들이 영화를 만든 나이가 엄마가 집을 나갈 때보다도 훨씬 많아지게 되면 그때의 어린 엄마를 측은하게 볼 수 있다. 이렇게 시간은 기억을 다시 편집한다.

또한 고등학생 때 만든 영화에서 인종차별주의자이고 힘만 믿고 약한 사람을 괴롭히는 못된 불량배를 영웅으로 만든 것은, 일차적으로 어린 마음에 그에게 복수하고 싶은 의도가 있었기 때문이었다.
그러나 불량배는 현실에서 새미를 괴롭히기도 하지만, 나른 한편 운동할 때는 날아다니며 모든 게임을 이기는 신체적 능력자이기도 하다. 괴롭힘을 당하지 않는 평범한 학생들의 눈으로 그를 보면, 체격도 멋있고 운동도 잘하는 시원한 성격의 학생인 측면도 분명히 있다.

편집이란 결국 어떤 각도에서 그것을 바라보는가의 문제이다. 스필버그가 그에게 악의를 갖고 소심한 복수를 한 것은 맞지만, 거짓말을 섞어서 날조한 것은 아니었다. 여러 부분 중 그를 좋은 쪽에서 바라본 내용을 취하고, 나쁜 쪽에서 바라본 내용은 뺐을 뿐이다.

이처럼 편집이란 어떤 것을 취하고 어떤 것을 버리는가의 문제이기도 하다.

나도 노년에 이르러 과거를 돌아보면서, 내가 주인공으로 나오는 유일한 영화인 내 인생을 어떻게 편집할 것인가를 생각했다. 일단 나이가 들면서, 중요하게 생각하는 가치나 바라보는 시각이 달라지면서, 이해할 수 있는 것들과 용서할 수 있는 것들이 많아졌다. 또한 나의 인생이므로 여러 기억 중에서 어떤 것을 취사선택해서 맥락을 만들 것인가는 전적으로 인생의 감독인 자신에게 달려 있다는 것도 분명해졌다.

긴 시간의 경험들이 축적된 수많은 기억의 구슬들이 마음의 바닥에 떨어져 있다. 빛나고 영롱한 구슬도 있고, 어둡고 찌그러진 구슬도 있다. 어떤 구슬들을 주워 어떤 순서대로 꿰어서 목걸이를 만들지는 온전히 만드는 자의 자유로운 선택이다. 그것이 가지런하고 빛나는 평범하게 아름다운 목걸이일지, 울퉁불퉁하고 여러 색이 섞여 예쁘지 않아도 개성 있는 목걸이일지는 내 손에 달려 있다.

인생은 한 편의 영화와 같다.

영화 제작자가 어떤 장면들을 살려서 영화의 스토리를 정의하고 싶은지를 생각하고 필름을 편집하는 것처럼, 나도 스스로 정한 이야기의 주제와 맥락대로 기억을 선택해서 내 인생을 편집한다. 열심히 살았던 기억을 정성껏 편집해서, 마지막에 내 이야기를 잘 완결하고 떠나고 싶다. 나는 떠나도 이야기는 나보다 오래 남을 것이다.